Money, and the Law of Attraction

新訳

お金と引き寄せの法則

豊かさ、健康と幸せを引き寄せる

エスター・ヒックス＋ジェリー・ヒックス 本田健 訳

Originally published in 2008 by Hay House Inc. USA

Japanese translation rights arranged with HAY HOUSE UK LTD
through Japan UNI Agency, Inc., Tokyo

わたしたちは、
今の時代に非常に大きな影響力をもつ人たちとの出会いに恵まれてきました。
その中でも、出版社のヘイ・ハウスを創立したルイーズ・ヘイ（ルル）ほど、
人生を前向きに向上させる力をもっている人を他には知りません。
そんなルルのビジョンに導かれたヘイ・ハウスは、
今や世界で最も多くのスピリチュアル、
自己啓発の本を世に送り出す出版社となりました。

ルイーズ・ヘイに――そして彼女のビジョンに引き寄せられたすべての人に――
愛と大きな感謝とともにこの本を捧げたいと思います。

はじめに

ジェリー・ヒックス

この本になぜ引き寄せられたと思いますか？

今こうしてこの文章を読んでいるのは、なぜでしょう？

本のタイトルのどの部分があなたの注意を引きましたか？

お金？　豊かさ？　健康？　幸せ？　それとも「引き寄せの法則」でしたでしょうか？

どんな理由だったとしても、この本には、あなたがずっと疑問に思っていたことに対する答えが詰まっています。

何についての本かって？

これは、「人生は心地よいもので、すべてにおけるウェルビーイング（健康と幸せ）こそが、自然な姿だ」ということを教えてくれる本です。たとえ、どれほど今の人生が素晴らしくても、もっとよくなり得るし、あなたの人生経験を改善させる選択肢と力は、あなたの手の中にあるということも、教えてくれます。さらに、実際に使える哲学的な方法も書かれているので、一貫して活用すれば、本来あなたが生まれもった権利である、豊かさや健康、幸せをより多く体験できるようになるでしょう。（わたし自身が経験し続けているからこそ、わかるのです。望みを明確にしてくれる「コントラスト」を経験するたびに、新しい願望へと向かい、新しい現実が創造されていく――こうしてわたしの人生のすべてがどんどんよくなっています）。

人生は、素晴らしいものです！

今日は２００８年の元日で、カリフォルニア州デル・マーにあるわたしたちの新しい「憩いの地」のダイニングルームで、この「はじめに」を書いています。

１９８０年に妻のエスターとわたしが結婚してからずっと、この「エデンの園」とわたしたちが呼ぶ地域に、できるだけ頻繁に訪れるようにしていました。こうして何年もサンディエゴが大好きな旅行者だったわけですが、ついに、ここはこれからわたしたちが実際に暮らす、大好きな場所の一つになります。

わたしたちは、感謝せずにはいられません。この土地に導いてくれた友人（デル・

マーの近くに大型の観光バスを駐車できる土地を探していると、友人に伝えました）。造園家、エンジニア、デザイナー、大工、電気技師、配管工、屋根職人、タイル職人、漆喰職人、ペンキ職人、フェンスや門扉のアイアン職人。技術も才能も豊かなみなさん。床を設置してくれた人、特注のエレベーター、引き戸、木製のアーチ型窓や扉、ステンドグラスなどを作ってくれた職人さんたち。それから、いわばハイテク関連では、ルートロン社の照明制御システムや高性能なオーディオ、映像、コンピューターネットワークシステム、トレイン社の新しい（静音）空調システム、さらにスナイデロ社、ミーレ社、ボッシュ社、バイキング社といったキッチンや洗濯設備などを設置してくれたみなさん。新しい家具を何度も何度も、わたしたちがしっくりくるまで運び直してくれた方々もいました。チームで土を掘ったり、パイプやケーブルを配置したり、運んだり、セメントを流し込んだり、石細工を作ったり、立派に成長した木々を移植したりしてくれた職人たち。何千もの人が（そこから収入を得ながら）何千もの製品の開発、製造、そして流通に関わってくれました。本当に、感謝することばかりです。

これは素晴らしいもののほんの氷山の一角に過ぎません。家から数分のところに

「お気に入り」のレストランを（オーナー、スタッフたちも）新しく発見したり、すごく明るいポジティブで多種多様なご近所さんたちには、これまで経験したことのないおもてなしの仕方で歓迎してもらいました。

この他にも、まだまだあります。南側にはカーメル・バレーの小川、水鳥の保護区域やラグーン。その向こうには、自然のままの姿を残す、トーリー・パインズ州立自然保護区の息をのむほどの美しい景色が広がり、太平洋からの寄せては返す波が、トーリー・パインズ・ステート・ビーチに絶え間なく打ち寄せています。

そう、人生っていいものなんです！

（エスターとわたしは、さっき少しの間ビーチを散歩してきました。わたしたちは今晩、最新のエイブラハムの本『お金と引き寄せの法則　豊かさ、健康と幸せを引き寄せる』の最後の仕上げをしようとしているところです）

40年以上前、わたしが大学を回ってコンサートを開いていた頃のことですが、わたしは、モンタナにある小さな町のモーテルで、「偶然にも」コーヒーテーブルに置いてある本に気づきました。ナポレオン・ヒルが書いた『思考は現実化する』（和訳：

きこ書房）というその本がきっかけで、お金についてのわたしの観念がものすごく変化しました。その本の原理を活用することで、これまで想像していなかった形で経済的な成功を引き寄せることができたのです。

当時、「思考によって豊かさを実現すること」に、そこまで興味があったわけではありません。でも、その本を見つける少し前に、お金の稼ぎ方を変えて、収入を増やしたいと決意していたところでした。なので、ナポレオン・ヒルの本が引き寄せられたことが、わたしが「求めた」ことへの直接的な答えとなったのです。

モンタナのモーテルで『思考は現実化する』という本を発見してすぐに、ミネソタのモーテルである男性と出会いました。彼はヒルの教えにすごくぴったりなビジネスチャンスを提案してくれました。それから9年間、わたしはそのビジネスを築くことに自分の意識をフォーカスして楽しく過ごしました。その9年の間に、そのビジネスは何百万ドルもの価値がある国際企業に成長しました。そんな比較的短い期間で、わたしの経済状態はなんとかやっていけるというところ（それまではそれだけを望んでいました）から、新しく思いついた経済的な目標にまで到達するところまできました。

ナポレオン・ヒルの本から学んだことは、わたしの場合かなりうまくいったので、彼の成功の原理をビジネス仲間にも共有しようとその本を「教科書」として使いはじめました。しかし、振り返ってみると、その教えはわたしには極めて有効だったのにもかかわらず、わたしが彼らに体験してほしかったような経済的成功を収めた仲間は、数人だけでした。そこでわたしは、より幅広い人が使えるもっと効果的なレベルの違う答えを探しはじめました。

「思考は現実化する」のを個人的に体験したことで、「成功は、学べるものである」と、確信しました。お金の稼ぎ方をすでに見つけ出した家族のもとに生まれなくても、よかったのです。学校でよい成績をとる必要もなかったし、コネがなくても、どの国に住んでいても、身体の大きさも、肌の色も、ジェンダーも、宗教も……わたしたちは、ただシンプルな原則をいくつか学んで、それらを着実に実践すればいいのです。

しかしながら、すべての人が同じ言葉から同じメッセージを受け取るわけではありません。もしくは、同じ本を読んだとしても同じ結果になるとは限りません。そこで、わたしがもっと理解したいと「求め」はじめると間もなく、リチャード・バックの啓発的な本『イリュージョン』（和訳：集英社）との出会いが訪れました。『イリュージョン』は、「なるほど！」とワクワクする日々を与えてくれましたし、そこで学んだいくつかの概念のおかげで、後に体験することになる現象に心を開きはじめることができました。ですが、わたしのビジネスにあえて使えるような新たな原理は、何も含まれていませんでした。

わたしにとって極めて価値のある本を次に「偶然」見つけたのは、フェニックス図書館で少し時間をつぶしていたときのことでした。何かを「探していた」わけではなかったのですが、本棚の上のほうにあったジェーン・ロバーツとロバート・F・バッツが書いた『セスは語る――魂が永遠であるということ』（ナチュラルスピリット）という一冊の本に、ふと気づきました。「非物質世界の存在」であるセスのメッセージをジェーンが「口述筆記」したものが何冊も出版されていて、わたしはそのすべての本を読みました。そのコミュニケーションの形は、ほとんどの人にとっては奇妙なものに思えるかもしれませんが（エスターは最初、極度に居心地が悪く感じていました）、わたしは、いつも果実を見てその木を判断するようにしていました。なので、セスの本を読むときは、その「奇妙な」側面は棚に上げておいて、他の人の人生をよくする助けに使えそうな、ポジティブで実践的な内容にフォーカスしていました。

セスは、これまでわたしが聞かされてきたものとは違う人生観をもっていました。

特に興味深かったのは、「あなたの現実を創造しているのは、あなた」、「力が発揮できるポイントは、今にある」という二つの言葉でした。どれだけ読み込んでも、それらの原理を本当に理解できた気がしませんでしたが、その中にわたしの質問に対する答えがあることは、どういうわけかわかっていたのです。ですが、ジェーンはもうこの世にはおらず、「セス」にそれ以上詳しく説明してもらうことはできなかったのです。

思いがけない出来事がいくつか続く中で——セスとジェーンが体験していたのと似たような形で——わたしの妻であるエスターが「エイブラハムの教え」として今では知られている情報を受け取りはじめました（エイブラハムとの出会いが詳しく記録されているオリジナルの音源を聞きたい方は、「Introduction to Abraham」をwww.abraham-hicks.com で70分の音源をダウンロードするか、無料のＣＤを請求してください）。

エスターにその現象が起きたのは、１９８５年のことでした。「宇宙の法則」をもっと理解したいというわたしの願望に対する答えが得られると感じました。そして、わたしたちが自然に、意図的にその法則と調和しながら、人間として生きる目的を全うすることができるだろうと思いました。約20年前に、エスターとわたしは小さなカセットテープレコーダーで録音しながら、エイブラハムに何百もの質問を投げかけました。実用的なスピリチュアルをテーマに、20通りのさまざまな質問をしました。エイブラハムの噂を聞いて、わたしたちと交流したいと望んだ人たちと、20本の音声収録を行い、それを特別なテーマのアルバムとして出しました。

この20年にわたって、何百万もの人たちがわたしたちの本、テープやCD、ビデオやDVD、ワークショップ、ラジオやテレビを通して、エイブラハムの教えを知るようになりました。また、他のベストセラー作家らもエイブラハムの教えを、自分たちの本やラジオ、テレビ、ワークショップなどで使うようになりました。2年ほどしてから、オーストラリアのテレビプロデューサーから、エイブラハムとのわたしたちの取り組みをテレビ番組シリーズにしたいという、取材依頼の連絡がありました。わたしたちのアラスカクルーズに彼女と撮影班は参加し、番組を撮影し、また映画（パイロット版）に盛り込めそうな、わたしたちの教えを学ぶ人たちを探していきました。

そのあとは（よく言うように）みなさんのご存じの通りです。

そのプロデューサーが、『ザ・シークレット』と名づけた映画は、エイブラハムの教えの基本的な考え方「引き寄せの法則」を特集したものでした。オーストラリアのテレビネットワーク（ナイン・ネットワーク）で、テレビシリーズとしては採用されませんでしたが、そのドキュメンタリー番組はすぐにＤＶＤ化され、また書籍化されました。『ザ・シークレット』のおかげで「引き寄せの法則」という考え方が、もっとよい人生を生きたいと願ってきた、何百万ものより多くの人たちに届いたわけです。

本書は、20年以上も前の初期の録音5本の書き起こしがもととなっています。オリジナル音源が、こうやって本として出されたのは初めてです。でも、一字一句当時の通りではありません。なぜなら、書き起こした原本をエイブラハムがすべて見直し、読者にわかりやすいように、すぐに実践できるようにと修正したからです。

教育界でこういう言葉があります。「何を語るかを伝えてから、伝えなさい。そして何を伝えたかを、あらためて語りなさい」。これらの教えに取り組んでいくうちに、繰り返しが多いことに気づくでしょう。なぜなら、わたしたちはえてして繰り返すことが、一番学びを得ることができるからです。制限的な古い思考の癖をもったまま、制限のない新しい結果を得ることはできません。しかし、シンプルに繰り返し実践することで、人生が向上する新しい習慣を楽しく身につけられるようになってくるでしょう。

メディアでは、こういう表現があります。「人は情報を得ることよりも、楽しませてもらいたいと思っている」。

新しい人生観を学ぶことが楽しいと思う場合は別ですが、この本は楽しいというよりも、教育的なものだと感じるでしょう。楽しく読んでおしまいという小説のようなものとは違って、これは、豊かさや健康、幸せを手にして維持する法則の教科書のような本です。読んで、学んで、実践するための本です。

もっとみんなの気持ちが和らぎ、特に金銭面で満たされるよう役に立ちたいという願いから、この情報に導かれました。この『お金と引き寄せの法則』が、そうした人々の問いに対する答えとして出版されることをとてもうれしく思います。

この『お金と引き寄せの法則』は、4冊出る予定の引き寄せ本のシリーズの2冊目に当たります。2年前に『引き寄せの法則　エイブラハムとの対話』を出版しました。次はシリーズ第3弾『理想のパートナーと引き寄せの法則』、そしてシリーズ最後として予定しているのが『スピリチュアルと引き寄せの法則』です。

この本を出版するにあたって、人生を変える内容を振り返るのはエスターとわたしにとっても楽しい体験でした。エイブラハムと出会ったばかりの頃に教えてもらった、シンプルで基礎的な法則を思い出させてくれました。

エスターとわたしは、当初からエイブラハムの教えを自分たちの人生に活用しようと考えていました。そして、その結果得られた成長体験は、喜ばしく、目覚ましいものでした。この法則を実践して20年経った今も、エスターとわたしは愛し合っています（カリフォルニアの新居を建て終えて、私たちのテキサスの商業ビルの中にも新居を作っている最中ですが、一緒に過ごす時間を楽しんでいます。45フィート〈約14メートル〉のマラソンモーター社の大型バスで、ワークショップ開催地を次から次へと旅して、来年もずっと一緒に過ごします）。

この20年の間、健康診断も受けていません（保険も入っていません）。借金もないし、エイブラハムのガイダンスに出会う前の収入をすべて足した額よりも多い所得税を払っています。そんなお金や健康が幸せにしてくれるわけではないものの、エスターとわたしは、いつだって幸せになれる方法を見つけています。

わたしたちの実体験から、言い表せないほどの喜びをもって言えるのは「この方法はうまくいく！」。

心を込めて　ジェリー

新訳 お金と引き寄せの法則　目次

Part 2

お金の引き寄せと豊かさの実現

Part 4 心と体重、健康に対する考え方

Part 5
豊かさをもたらし喜びの源になるキャリア 333

Part 1

思考の軌道修正と「ポジティブな側面のノート」

あなたの物語と引き寄せの法則

あなたが考えることや、自分の人生について語る物語に、「引き寄せの法則」が力強く反応することで、人生のすべてのものが引き寄せられています。お金や資産、健康、明晰さ、柔軟性、身長・体重、体形、職場環境、周りにどう扱われるか、仕事の満足感や報酬に至るまで、――まさに人生の幸せのほとんど――が、あなたが語る物語の結果として起きているのです。あなたが、日々自分の人生について語る物語を見直して、改善する意図をもてば、人生はどんどんよくなると、確信をもって約束します。力強い「引き寄せの法則」によって、必ずそうなるのです！

人生は時に不公平か？

世間で言われる「成功のために、するべきこと」をすべてやってきたのに、なかなか成功しなかった。しっかり学び、しかるべき場所できちんとした言動を心がけて、いっぱい努力してきたのに、全然状況が改善しているようには見えない。

成功という概念を知った最初の頃は、成功のルールを決めてきた周りの期待に沿うことで、満足感を得てきたことでしょう。あなたの周りの先生、親やメンターたちは、自信と説得力をもって、成功のルールを示しているように見えたでしょう。

「常に時間通りに行動しなさい、ベストを尽くしなさい、一生懸命働きなさい、正直でありなさい、偉大になれるよう励みなさい、もっと努力しなさい、痛みなくして得るものなし、そして何よりも大事なのは、絶対にあきらめないこと……」

けれど、時間が経つにつれ、そんなルールの中で生きている人たちの評価を得ても、以前のような満足感や意義を感じられなくなったかもしれません。なぜなら、どんなに頑張って彼らの成功法則を実践しても、約束されたはずの結果が得られなかったからです。さらに、ちょっと冷静になってみると、そのルールに従う彼ら自身も、実はあまり成功していないことに気づき、失望したからです。もっと残念だったのは、自分が愚直に学び、取り組んできた一般的な方法とは別のやり方で成功を手にしている人たち（明らかにそうしたルールに従っていない）に出会いはじめたことでした。

そこで、あなたは、自分自身にこう聞いたことでしょう。

「いったい何が起きているんだ？　頑張って働いている人が、少ししか受け取れていないのに、大して頑張っていない人のほうがたくさん得ているのはなぜ？　自分は高い学費をかけて学歴も得たのに、まったく割に合っていない。だけど、あの大富豪は、高校を中退しているんだよ。自分の父親は毎日身を粉にして働いたのに、彼の葬儀のために、家族はお金を借りなければいけなかった。なぜ、努力は報われないのだろう。ほとんどの人が生きていくのに精いっぱいで、大金持ちになれる人がすごく少ないのはなぜ？　何か見落としていることがある？　経済的に成功している人は、自分が知らない何かを知っているのだろうか？」

「ベストを尽くす」だけでは、十分でない？

成功のために考えられること、やるべきことも精いっぱい頑張ったのに成功できなければ、自己防衛の感情を感じやすくなります。そのうち、自分の望む成功を手にしている人を見たら、怒りすら覚えるかもしれません。時には、自分ができなかった成功を手にした人たちを見るのがつらくて、彼らを非難してしまうでしょう。そんなみなさんの社会において長く続いている経済的な問題についてお答えするために、この本を書きました。

「欲しくてたまらない経済的な成功」をあからさまに非難すると、それが手に入らないばかりか、健康と幸せという天賦の権利を放棄することにもなります。

「世界のどこかで誰かが陰謀のような形で、グルになって自分の成功を阻んでいる」という間違った考えをもつ人も、実際はたくさんいます。彼らは、今まで一生懸命やってきたのに成功できないのは、きっと悪い勢力が自分たちを搾取しているからに違いないと、信じてしまうのです。でも、確信をもって言いたいのは、あなたの望むものが今ないことも、経験したくないことに関しても、問題の核心は、そんなところにはありません。誰もあなたの成功を妨げたこともなければ、誰かがあなたを成功させてくれることもないのです。あなたの成功は、すべてあなた次第です。あなたがすべての主導権を握っているのです。そして、あなたが意識的なコントロールによって成功できるように、この本を書いています。

望むものは、何でも叶う

あなた本来の姿に戻るときがやってきました。人生経験を通してはっきりしたあなたの望む成功を意識的に生きるときがやってきたのです。リラックスして深い呼吸をしながら、落ち着いて読み進めてください。そうすれば、少しずつ、でも着実に成功がどのようにやってくるのかを「思い出してくる」でしょう。なぜならそれは、あなたがもともと心の奥底で、「知っていること」だからです。ここに書かれている「絶対的な真実が、あなたと共鳴する」のを確実に感じるはずです。

一貫して働いている不変の「宇宙の法則」は、信頼できます。それは常に拡大と喜びを約束してくれるでしょう。最初は内側で小さく芽生えたその理解が深くなり、読み進めるにつれて、自分の目的と自分自身がもつ力に、再び目覚めるでしょう。そして、世界を創造する宇宙のパワーにアクセスする方法を思い出すところまで、力強いリズムで深まっていきます。

この時空の現実が、ある願いをあなたの中に生み出したなら、その願いは完全に満足できる形で、必ず叶えられます。それが「法則」というものです。

成功は、生まれもった権利

人生が思うようにいかないとき、ほとんどの人は、自分以外の何かが邪魔しているせいだ、と勝手に思い込むようになります。「わざわざ自分で成功を遠ざける人なんていない」と考えるからです。その責任を自分で負うより、望まない状況を何かのせいにしたほうが、気分がましになるかもしれません。けれど、うまくいかないことを自分以外の何かのせいにすることには、とても大きな悪影響があります。自分の成功を誰かに委ねたり、成功できないことを何かのせいにしたりすると、「自分で変化を起こす力を失ってしまう」のです。

成功を望んでいるのに、成功できていないとき、何かが間違っていることは、心の奥深くでわかるものです。そして、この強烈な違和感は、「望むものが手に入っていない」という意識を刺激して、自分よりも成功している人々への嫉妬、成功を邪魔していると見なした人々への憤り、自己批判という最も心が痛む、非生産的な思考を生み出すのです。成功していない状態をとても心地が悪く感じるのは、何もおかしなことではありませんし、むしろそのような反応はごく自然です。

あなたの感じる不快感は、「何かが、大きくずれている」ことを教えてくれるパワフルな指標です。本来、あなたは成功するようになっているので、失敗について考えると、当然、悪い心地になるべきなのです。本来、あなたは健康でいるようにできているので、病を受け入れるべきではありません。本来、あなたは成長する存在なので、停滞することは耐えがたいのです。本来、人生はうまくいくようになっているので、そうでない場合は、何か問題があるということです。

でも、不当なことが起きたとか、幸運の神様に見放されたとか、あるいは、自分が受け取るはずだった成功を他の人が手にしたわけではありません。問題は、あなたが自分自身という存在、本当のあなた、人生を通して生まれた望みや、拡大した自分自身、そして常に一貫して働く宇宙の法則と、調和していないことです。「どうにもならない外側」で問題が起きているのではないのです。それはあなたの内側で起きていて、「コントロールすることができる」のです。そして、「本当のあなた」、「引き寄せの法則」の基本、常に働いていてわかりやすく、生まれもってある「感情のガイダンスシステム」の価値を理解すれば、コントロールするのは難しくありません。

お金は悪の根源でも、幸福の源でもない

「お金」と「経済的な成功」は大事なテーマですが、多くの人が語ってきたような「諸悪の根源」でもなければ、幸せへの道でもありません。でも、毎日何百回、ともすると何千回も、たくさんの人がお金について考えています。そんなわけで、お金は、「あなたの波動の質と引き寄せポイント（作用点）」に、大きな影響を与えています。1日中、毎日多くの人に影響しているものをうまくコントロールできたら、かなりのことが達成できるでしょう。

つまり、どんな日でも、お金や経済的な成功に関する思考が大きな部分を占めるので、意図的に思考を導くことができたら、経済状況が改善するだけでなく、成功の兆しが見え、すべての分野でもそうなってくるわけです。

「意図的な創造」を学んでいる方なら、自分の現実を意識して創造したいのなら、人生の舵取りを自分でしたいと望むのなら、自分の存在意義を全うしたいのなら、この大きな部分を占めるテーマへの理解——お金と「引き寄せの法則」——がどれほど役に立つか、わかるでしょう。

自分の経験はすべて、自分が引き寄せている

あなたは、喜びを感じて、心地よい経験をして、成長するようになっています。それが、この時空の現実に、身体をもって生まれると決めたときのあなたの計画でした。今回の人生が、「ワクワクとやりがいに満ちたものになる」と、期待してきたのです。つまり、多様性とコントラストが願望を刺激し、それを拡大させてくれることも、どんな願望も完璧な形で簡単に実現できることも、知っていました。さらに、新しい願望の拡大には、終わりがないということも、知っていたのです。

あなたは、この人生経験がインスパイアしてくれる可能性に、最高にワクワクして今の身体にやってきたのです。最初にもっていたその願いが、心配や疑いでかき消されることは、少しもありませんでした。なぜなら、自分には力があること、この人生経験、さらにはそのコントラストのすべてが素晴らしい拡大のための肥沃な大地となることを知っていたからです。

何よりも、「ガイダンスシステム」をもって生まれてくるので、当初の意図だけでなく、人生経験を通して終わりなく拡大する意図にも、忠実でいられると知っていま

した。一言で言うと、「**表現できないくらい、この世界に生まれてくることをとっても楽しみにしていた**」のです。

あなたは、初心者ではありませんでした。小さな身体で新しく生まれてきたとしても、あなたは力強い創造の天才として、最先端の環境にやってきたのです。順応するための時間もあると知っていたし、新しい環境で再調整しながら意図的な創造のプロセスを踏めばよいので、時間に関しても、まったく心配していませんでした。

あなたは、自分が生まれてきた環境や、新しい物質世界で迎えてくれる人たちのことも、むしろ楽しんでいたのです。まだ言葉を話せなかったとしても――迎え入れてくれた人たちからは、生まれたばかりでまだ何も知らないから導きが必要だと思われていましたが――あなたは彼らがとうの昔に忘れてしまった安定感と知識をもっていたのです。

あなたは、こういった知識をもった状態で、生まれてきました。あなたが力強く素晴らしい存在で、人生経験の創造者は自分自身だということ。また、「引き寄せの法則が、新しい環境でのすべての創造の基礎であること」も、知っていました。

「引き寄せの法則（似たものは引き寄せられる）」が宇宙の土台であり、自分の役に立つということも、覚えていたのです。そして、その通り役立ってきました。「**自分の経験は**、**自分が創造する**」ことを、生まれたときには、まだ覚えていました。それ以上に重要なのは、「行動」ではなく、「思考」によって創造していると、覚えていたことです。言葉がまだ話せず、自由に動けない赤ちゃんだったときも、宇宙のウェルビーイングを覚えていたので、居心地の悪さは感じていませんでした。あなたは肉体に宿ろうと意図したことも覚えていたし、新しい環境の言葉ややり方に慣れるための時間はたっぷりあるだろうと知っていました。そして、何と言っても、非物質世界の莫大な知識を直接言葉にしたり、表現したりすることはできなくても、何の問題もないことをわかっていたのです。だって、喜びのある創造をするために最も大切なものは、もう準備万端に整っているのですから。あなたは「引き寄せの法則」がいつも働いていることと、「ガイダンスシステム」がすぐに動いてくれることを知っていました。そして何より、やってみるうちに（俗に言うトライアンドエラー）、新しい環境に、意識をもった状態で、完全に適応できるだろうとわかっていたのです。

引き寄せの法則の一貫性

宇宙全体で「引き寄せの法則」が常に安定して働いているので、あなたは、物質世界の新しい環境に、安心してやってくることができました。なぜなら、人生で起きることをよく見て、引き寄せの法則の基本を思い出し、人生の土台を整えられると知っていたからです。すべての基本は「波動」であり、「引き寄せの法則」はその波動に反応すること。つまり、**「引き寄せの法則によって、似た波動のものが集められて、そうでないものが引き離されること」**を、あなたは覚えていたのです。

このパワフルな法則がいつも働いていることは、あなた自身の人生経験を通じて、じきに明らかになるとわかっていました。すぐにそれをはっきりと言葉にできなくても、知っていたことを全部忘れている周りの人たちに、説明することができなくても、心配していませんでした。どんな波動であっても、「引き寄せの法則」がいつもサインを見せてくれるので、自分がどのような波動を出しているのかを知ることは、そんなに難しいことではない、と知っていたのです。

違う観点からいうと、あなたがいっぱいいっぱいに感じているときは、そこから抜け出すために助けになる状況も、助けてくれる人たちも、あなたがどこにいるのかわからないでしょう。あなたのほうからも見つけることはできないのです。頑張って探したとしても、見つけられないうえに、近づいてくる人たちは、あなたを助ける代わりに、さらにしんどい気持ちにさせてしまったりします。

あなたが、「ひどい扱いをされた」と感じていると、公平に扱われることはないでしょう。「ひどい扱い」という見方をすることで、その視点から放たれる波動が、「公平な扱い」を阻んでしまうからです。

あなたが、「必要なお金がやってこない」という恐怖や失望でいっぱいだったら、お金やチャンスがあなたから逃げ続けるでしょう。あなたが悪いからとか、価値がないからというわけではありません。引き寄せの法則は、似ていないものではなく、似たもの同士を引き合わせるのです。

「自分は、貧しい」と感じていたら、あなたのもとにやってくることができるのは、「貧しさを感じさせるもの」だけです。**「自分は、豊かだな」と感じていたら、「豊かさを感じられるもの」だけが、あなたのもとにやってきます。**

この「法則」は一貫しています。

なので、ちゃんと意識さえしていれば、人生経験を通して、引き寄せの法則がどのように働いているかがわかるでしょう。

「考えていることのエッセンス（要素）が引き寄せられてくる」ことを思い出せば、なぜそれが起きたのかに気がつくことができます。これが、意図的な創造をするための鍵です。

波動って何？

実は、すべてのものが「波動」でできています。だからあなたの体験の土台となるものに目を向けてもらうために、「波動」について話しているのです。代わりに「エネルギー」と言うこともできますし、同じ意味で使える言葉は、他にもたくさんあります。

音が波動であることは、ほとんどの人が理解できるでしょう。楽器から大音量で、深くて豊かな低音が流れてきたら、音の波動的な性質を「感じること」さえできるときもあるでしょう。

何かが「聞こえる」ときは、いつでもあなたが波動を音として解釈して、聞いているのだ、と理解してください。聞こえるものは、「あなた」の波動の解釈です。あなたが「独自に」波動を解釈したものが聞こえているのです。見て聞いて味わって嗅いで触れるという感覚が存在するのは、宇宙にあるものすべてが波動であり、それぞれの感覚器官が波動を読み取ったものを、それぞれの感覚として与えてくれるからです。

あなたは、脈動し、振動する、高度に調和した宇宙に生きています。あなたという存在も、核心では完璧なバランスと調和としか表現できない波動として振動しています。これがわかってくれれば、わたしたちの言う「波動」が理解できるようになるでしょう。

空気、土、水の中、あなたの身体の中に存在するすべてが、振動する波動です。そして、そのすべてを強力な「引き寄せの法則」が動かしています。

「引き寄せの法則」が常に似ている波動を集めて、違う波動の性質をもつものを遠ざけているので、あなたがその役割をしたくてもできないし、する必要もありません。

感情は、身体が波動を解釈する6つの感覚の中で、最も強力かつ重要で、「現在の思考（波動）があなたの核心の波動と調和しているかどうか」をいつも教えてくれます。

非物質世界は、波動でできています。

あなたが知っている物質世界も、波動です。

この波動という性質をもたないものは、存在しません。

「引き寄せの法則」に従っていないものは、存在しません。

波動を理解すれば、意識的に二つの世界の橋渡しをするのに役立ちます。

複雑な視神経や第一次視覚野について理解しなくても、あなたは見ることができます。電気のことを理解していなくても、明かりをつけることができますし、波動を理解していなくても、調和しているか、いないかは感じることができます。

自分には波動の性質があるのだと受け入れ、感情という波動の指標を意識的に活用できるようになれば、あなたは自分の創造、そして、人生で体験する結果を意識的にコントロールできるようになります。

豊かに感じていれば、豊かさがあちらからやってくる

「自分が感じていること」と、「人生で実現していること」との関連性がわかると、あなたはついに、人生を変える力を手に入れることになります。そのつながりがわからないまま、望んでいるものがないという思考をもち続けていたら、欲しいものも遠ざかったままでしょう。

このことを理解していないため、豊かになりたいのに、豊かになれない理由を説明しようとして、「自分以外のものに力を与えてしまう」人が多いのです。

「生まれる場所を間違えたから、わたしは豊かになれない」、「親がお金持ちじゃなかったから、お金持ちになる方法を教えてもらえなかった」、「お金持ちの連中がわたしの分まで取っているから、自分は豊かじゃないんだ」、「わたしがだまされていたから」、「わたしには価値がないから」、「わたしが過去世で正しい生き方をしなかったから」、「政府がわたしの権利を無視しているから」、「夫がちゃんとしてくれないから」、だって、だって、だって……。

思い出してください。あなたが「豊かでない」のは、あなたが豊かさの波動ではない波動を出し続けているからです。足りないと感じていて（貧しい波動を出していて）豊かになることはできません。あなたが豊かさの波動を出さなければ、豊かさはあなたを見つけることができないのです。

「でも、今豊かでないのなら、どうやって豊かさの波動を出せばいいのでしょうか？　実際に豊かにならないと、豊かさの波動は出せないのではありませんか？」と、よく聞かれます。確かにすでに豊かであれば、豊かな状況を維持するのは簡単です。自分に起こっているよいことに気づいて、それを見ているだけで、よいことがずっとやってくるのですから。でも、もしあなたが今、望むものがない場所にいるのなら、望むもののエッセンスを（それがやってくる前に）感じる方法を見つけなければいけません。そうしないと望むものはやってこないのです。

ただ、現状に反応して波動を出すだけだと、現状を変えることはできません。まだ夢が実現していないとしても、実現したときの興奮や満足を、夢が実現する前に感じる方法を見つけなければならないということです。夢が実現したときの波動を出して、その波動にマッチしたものが「引き寄せの法則」によって現実世界で実現するように、夢のシナリオを意図的に想像する方法を見つけましょう。波動を出す前に実現することを求めても、それは無理なお願いです。実現する前にその波動を出すようにすると、すべてが実現できます。それが「法則」ですから。

無自覚ではなく、意図をもって生きる

この本を書くのは、あなたがあるレベルでは「すでに知っていること」を思い出してもらうため、波動としてあなたの内側に存在する知識を再活性化させるためです。この本の内容は、あなたの広い視点を表すもので、その知識はすでにあなたの内側にあります。読み進めていくにつれて、この知識があなたの現実に反映されていくのを必ず認識するでしょう。

今こそ目覚めるべきとき――あなた個人の力と存在理由を思い出すべきときです。

さあ、深呼吸をして気分をゆったりさせて、ここに書かれたことをじっくり読んで、あなたの本来の波動のエッセンスを取り戻しましょう。

あなたは、素晴らしい存在です。もう他人にコントロールされる赤ちゃんではあり

ません。物質世界の環境に適応して、今——この本を読みながら——自分という存在のパワーをフルに認識しています。もう荒れ狂う海に浮かぶコルクのように「引き寄せの法則」に翻弄されることはありません。ついに自分の運命をコントロールする方法を思い出したのです。無自覚に反応しながら今の人生をそのまま受け入れるのではなく、強力な「引き寄せの法則」を活用して人生を意図的に導く力を取り戻そうとしています。それには、これまでとは違う物語を自分に語らなければなりません。これまでの人生、また今の人生の物語を語るのはやめて、自分が望む人生の物語を語りはじめなければならないのです。

経験したい物語を語ろう

意図をもって生きるには、意図的に考えなくてはなりません。そのためには、正しい方向へ思考を向けるための基準点を明確にしてください。あなたが生まれたときと同じように、今この瞬間も、なくてはならない二つの要素がそろっています。それは、まず「引き寄せの法則」（宇宙で最も強力で、一貫性のある法則）があらゆる場所で働いていること。それから、あなたの内側には「ガイダンスシステム」があることです。そのガイダンスは方向を示すフィードバックをしようとスタンバイ（待機）しています。あなたがやるべきことは、たった一つです。この一見小さなことが、人生を変える可能性をもっています。それは、あなたの物語を新しく語りはじめることです。あなたが望むように語るのです。

あなたの人生について語るとき（ほぼ毎日、言葉だけでなく、思考や行動で語っていますが）、いい気分でないといけません。どんな瞬間も、すべてのテーマについて、ポジティブにもネガティブにもフォーカスすることができます。宇宙の粒子はすべて、どんな瞬間もその先も、望むことと望むことの欠如が存在して、あなたに選んでもらうのを待っています。どんなことにも、望むことと、望むことがないという二つの側面があるので、選択肢が目の前に現れるたびに、どちらでも選ぶことができます。今どちらにフォーカスすることを選んでいるのかは、あなたがどう感じているのかでわかりますし、常にその選択を変えることができます。

すべて、二つの側面

すべては二つの側面から成り立っているということを理解していただくために、役立つ例をご紹介しましょう。

豊かさ／貧しさ（豊かさの欠如、あるいはない状態）
健康／病気（健康の欠如）
幸福／悲しみ（幸福の欠如）
明晰さ／混乱（明晰さの欠如）
エネルギーがみなぎる／疲れている（エネルギーの欠如）
知識／疑い（知識の欠如）
興味深い／退屈（興味の欠如）
できる／できない
買いたい／買えない
いい気分になりたい／嫌な気分だ

もっとお金が欲しい／お金が足りない
もっとお金が欲しい／もっとお金を得る方法がわからない
もっとお金が欲しい／あの人は分不相応のお金を持っている
痩せたい／太っている
新しい車が欲しい／自分の車は古い
恋人が欲しい／恋人がいない

このリストを読むと、それぞれの例において、どちらがよりよい選択かは、疑いようもなく明らかですが、あなたが忘れているかもしれないシンプルかつ大切なことがあります。こういうリストを読むときに、望むことではなく、事実に基づいて語る必要があると、あなたは感じてしまうのです。事実をそのまま語る癖が、望まないものを創造してしまったり、望むものが受け取れなかったりする最も大きな原因です。すでにそうであるものを説明するのではなく、望んでいるものへとあなたが向かえるように、この本の中で例やエクササイズを用意しました。

「引き寄せの法則」に今と違うものを届けてほしいのなら、違う物語を語りはじめないといけません。

今、自分が語っているのは、どんな物語?

新しい物語を語るよい方法は、自分が日中どんなことを語っているかを意識してみることです。そして望むこととは相反することを言っているのに気づいたら、立ち止まって、自分にこう言い聞かせてください。

「望まないことは、はっきりわかった。望むことは何だろう?」。

そして意図的にきっぱりと望むことを口にしてください。

この古くて、カッコ悪くて、すぐ壊れる車が大嫌いだ。

↓

新しくて、カッコよくて、信頼できる車が欲しい。

わたしは太っている。
↓
わたしは細くなりたい。

会社はわたしを評価してくれない。
↓
会社から評価されたい。

多くの人は、言葉を置き換えるだけで、新品の車が現れたり、太った身体が痩せたり、雇い主の性格がいきなり変わって扱いが変わったりするわけがないだろうと、文句を言うかもしれませんが、それは違います。意図的に望むことに焦点を当てると、望むように宣言することになるので、やがて、そのことについての感情も変化します。それは波動の変化を意味するのです。

波動がシフトすると、あなたの「引き寄せポイント（作用点）」も変化し、強力な「引き寄せの法則」によって、現実化の証拠やしるしも間違いなく変化してきます。

望むことを一貫して語っていると、宇宙がそのエッセンス（要素）を、あなたの人生に届けざるを得ないのです。

軌道修正プロセスで、人生の方向性を変えられる

思考の「軌道修正プロセス」は、すべてのことには、望むことと望まないことの二つの側面があることを意識的に認識して、意図的に望む側面について考えたり語ったりすることを意味します。「軌道修正」は、すべての分野において望む側面を活性化させるのに役立ち、それを達成できたら、望むことのエッセンス（要素）があなたの経験の中に現れます。

ここで明確にしておきたいことがあります。望むことについて語りながら、そのことに疑いを感じている場合は、語っていても望みは実現しません。なぜなら、あなたがどう感じているかが、あなたの思考と波動がどちらの方角に向いて創造しているかを正確に示しているのです。「引き寄せの法則」はあなたの言葉ではなく、あなたが放つ波動に反応しているのです。

ですが、望むことと、望まないことを同時に話すことはできないので、望むことを語れば語るほど、望まないことを話す機会が少なくなります。今起きている現状をそのまま語るのではなく、望むことを語ろうと決めて誠実に取り組めたら、やがて（たいてい、わりと短い期間で）、あなたの波動のバランスに変化が起きてきます。頻繁に語り続けていたら、言葉通りに気分も変わってくるでしょう。

この「軌道修正プロセス」には、さらに重要な力があります。望むことが手に入らず、人生がネガティブに展開しているように思えるとき、「望まないことははっきりした。自分が望むことは何だろう？」と聞けば、その答えが内側から引き出されます。まさにその瞬間、波動のシフトが起こりはじめるのです。「軌道修正」は、すぐに人生をよくすることができる、強力なツールです。

自分の人生を創造するのはわたし

あなたは、自分自身の人生経験を創造するクリエイター（創造者）です。自分の人生を創造する立場として、「行動、やること、発する言葉によって創造するのではない」

ということを理解することが大事です。「あなたの思考」によって、創造するのです。

話したり行動したりするとき、必ず思考つまり波動が伴います。ですが、行動したり、話したりしていないときも、たいていは思考と波動を放っています。子どもや赤ちゃんは、言葉を覚える前に、周りの大人の波動を真似することを覚えます。

あなたの思考には、すべて固有の周波数の波動があります。それが、過去の思い出でも、他の人からの影響でも、自分と他の人が考えてきた思考の組み合わせでも、**現在、「よく考えていること」は、力強い「引き寄せの法則」によって、同じような波動をもつ思考を引き寄せています**。そうして合わさった思考は、当初よりも力強くなった思考をさらに、さらに、さらに引き寄せ、ついには、「実際の人生」でも、その状況や現象を引き寄せるほど、その思考が強まります。

すべての人、環境、出来事、状況は、あなたが考える思考の力によって引き寄せられています。思考や波動を現実化させていることを理解すれば、自分の思考をもっと意図的に導こうという新たな決意が内側に芽生えるかもしれません。

調和した思考は、心地よい思考

多くの人は、自分はこの肉体をもつ人間というだけではなく、「物質世界の存在を超えた存在だ」と信じています。この大きな側面の自分をどう呼べばいいのか苦心して、「ソウル（魂）」、「ソース（源）」、「神」などの言葉を使ったりします。わたしたちは、その偉大で、賢く、成熟した側面を「インナービーイング（内なる存在）」と呼んでいますが、どんな呼び方をするかは重要ではありません。**一番大事なのは、その偉大な「あなた」が、永遠に存在し、地球でのあなたの人生経験に大きな役割を担っているということです。**

あなたのすべての思考、言葉、行動が展開される中で、同時にその広い視点も存在しているのです。自分が望まないことがはっきりわかったときに、望むことがはっきりと力強くわかるのは、広い視点の大きなあなたが、望むことにひたすら注意を注いでいるからです。

日々意識して望むほうへあなたの思考を導こうと努力することができたら、どんどん気分がよくなり、改善された思考の波動が活性化されるので、大きな視点の非物質的な側面とあなたの波動が近くなっていきます。気分のよい思考をもちたいという願望が、広い視点のあなた「インナービーイング（内なる存在）」とのアラインメント（調和）へと導いてくれるでしょう。実は、あなたの思考があなたの内なる存在の思考と波動が一致して初めて、本当の意味でいい気分になることができるのです。

例えば、あなたの内なる存在は、あなたの価値に焦点を当てているので、自分の気に入らない点を意識すると、波動が一致せず、抵抗もあるのでネガティブな感情になります。**あなたの内なる存在は、愛を感じることにしかフォーカスしません。**もしあなたが、誰か、あるいは誰かの大嫌いな側面に焦点を当てると、内なる存在の波動と自分の波動とがずれてしまいます。あなたの内なる存在は、あなたの成功だけに注目しているので、自分のやっていることを失敗だと認識したら、内なる存在の視点から外れてしまっているということです。

ソース（源）の視点で世の中を見る

心地のよい思考を選び、「望まないこと」より、もっと「望むこと」を語るようになると、あなたの波動の周波数がだんだんと、より広い視点をもち、より賢い内なる存在の周波数と合うようになってきます。肉体をもって人生を体験しながら、この広い視点と波動がアライン（一致）することは、二つの世界の「いいとこどり」で本当に何よりも最高です。なぜなら、周波数がそのより広い視点と合えば、その内なる存在の視点で世の中を見ることができるようになるからです。**ソース（源）の視点で世の中を見るということは、波動が調和した状態で見ることなので、これ以上にないほど素晴らしい世界を見ることができ、また自分自身が本当に素晴らしいと思った体験だけを引き寄せられるのです。**

エイブラハムの波動を言葉に翻訳しているエスターは、リラックスして意図的に彼女の波動を高めて、非物質世界の存在であるエイブラハムの波動と調和させています。長年やっているので、とても自然にできるようになりました。みなさんにエイブラハムの叡智を的確に伝えるため、波動を調和させる大切さは前から理解していましたが、アラインメント（源と波動が調和すること）のもう一つの素晴らしさを知ったのは、ある美しい春の日、夫と車で出かけるために、先にエスターが門の扉を開けに行ったときのことでした。門で待ちながら、空を見上げたら、これまで見たことがないような美しさでした。色彩が豊かで、鮮やかな青空と真っ白い雲のコントラストが素晴らしく、遠くにいる鳥たちの心地よいさえずりにもワクワクで震えるほどでした。視界に入らないような遠くのほうで鳴いているのに、まるで頭上で、あるいは肩の上で鳥たちが鳴いているように聞こえました。

やがて、さまざまな植物や花、大地からかぐわしい香りが漂ってきて、心地よい風に包まれました。生きている実感、幸福感、そしてこの美しい世界への愛でいっぱいになりました。エスターは思わず声に出してこう言いました。「広い宇宙の中でも、今この瞬間ほど美しいものはないわ！」

そして、こう続けました。「エイブラハム、あなたたちでしょう？」

わたしたちは、彼女の唇を借りて、ニッと笑いました。なぜなら、彼女の目を通してのぞかせてもらって、彼女の耳で聞き、彼女の鼻で香りを嗅ぎ、彼女の肌を通して感じていたのが、バレてしまったから。

「いかにも！」、わたしたちは答えました。「あなたの身体を通して、物質世界の素晴らしさを味わっていたのですよ」

人生で最高の喜びを感じる瞬間は、あなたの中のソース（源）と完璧に調和している瞬間です。何かのアイデアに強く惹かれたり、強い関心をもったりする瞬間も、完璧に調和しています。実のところ、いい気分であればあるほど、あなたの中のソース（源）とより調和していて、それが「本当のあなた」なのです。

より広い視点との調和は、素晴らしいパートナーシップ、満足するキャリア、本当にやりたいことを実現するための資金など、人生で大事なことを達成するのが早くなるだけではなく、意識的な調和は日々の瞬間瞬間を素晴らしいものにしてくれます。あなたの内なる存在の視点に合わせることができたなら、あなたの毎日は、明晰さ、満足と愛で満たされる素晴らしいものになるでしょう。そして、「**この素晴らしい場所、この素晴らしい時間、この素晴らしい身体で生きよう**」。それこそが、あなたがここに生まれてきたときに意図していたことなのです。

意図的に心地よい気分を選ぶ

エスターが、エイブラハムの大きな視点を全身で感じつつ、素晴らしい体験ができたのは、「いい気分になることを探そう」と思って1日をスタートさせたからです。

ベッドの中で、気分のよいことを探すことから始め、そのいい気分の思考が、次のいい気分を引き寄せ、次から次へと「いい気分の連鎖」が始まり、門に着いたときには（約2時間後）、意図的に思考を選んだおかげで波動が上がり、エスターのインナービーイング（内なる存在）と簡単に交流できるくらい十分に近い波動になったのです。

今この瞬間の思考を選ぶことによって、次の思考を引き寄せ、またその次を……というように引き寄せるだけでなく、あなたの内なる存在との調和の基礎を築くことができるのです。望まないことを考えたり、語ったりすることを減らして、望むことを考えたり語ったりすることを一貫して意図的に増やしていくと、あなたのソース（源）の純粋でポジティブな要素とより調和することができるようになります。そうすると、あなたの人生はとても素晴らしいものになるでしょう。

ネガティブな感情が病気の原因？

エスターの家の門での経験は、彼女の波動がソース（源）の波動と調和したことで、圧倒的なウェルビーイング（健康と幸せ）とも調和したからこそ、劇的に素晴らしいものになりました。一方で、ソース（源）、そしてウェルビーイングと波動がずれていると、この幸福感が増すのとは逆の経験をすることもあります。つまり、病気や不健康、ウェルビーイングの欠如は、ウェルビーイングの波動からずれてしまうことによって起きるのです。

ネガティブな感情を抱いたとき（恐れ、疑い、イライラ、寂しさなど）、そのネガティブな感情はいつでも内なる存在の波動と調和しない思考をもった結果なのです。あなたのこれまでのすべての人生経験を通して物質世界と非物質世界（あなたの内なる存在）、そのすべてをひっくるめたあなたは、「気づき」の視点に進化しています。ですから、あなたの内なる存在と調和しない思考に意識が向いたら、その結果湧き起こる感情はネガティブなものになります。

もし、座っていて血流が悪くなったり、あるいは首に止血帯を巻いて酸素の流れを制限したりすると、すぐさまその兆候を感じるはずです。同じように、内なる存在と調和しない思考によって、あなたの身体の「生命力」、「エネルギー」の流れがブロックされたり、制限されたりしてしまいます。制限された結果、ネガティブな感情を抱くのです。ネガティブな感情が長く続く状態を放置していると、身体がむしばまれていくのです。

すべての事柄は二つの側面であるということを思い出してください。「**望むこと**」**と、**「**望むことがない状態**」**です。**棒の両端を想像してみてください。片方の端は「望むこと」で、もう一方の端は「望まないこと」だとします。この「身体のウェルビーイング」という棒の、一方の端は「ウェルネス（健康）」で、もう一方の端は「病気」です。この「健康」の棒の望まない端ばかり見ているから病気になったのではなく、たくさんの、他のいろいろな棒の「わたしはこれを望まない」という端を見続けてきたからなのです。

あなたの注意が慢性的に望まないことに向いているときでも、内なる存在は安定して望むことに注目しています。長い時間をかけて、内なる存在とあなたの波動がかけ離れてしまうこと、それがすべての病気の正体です。あなたの選んだ思考によって、あなたとあなたの内なる存在が離れてしまうのです。

嫌な気分から、いい気分へ思考を軌道修正する

いい気分でいたいと思いながらも、ほとんどの人は、「周りが先に心地よい状態にならないと、自分はいい気分になれない」と思っています。実際、ほとんどの人は、いつでも、目の前で起きている何かを観察することで、何らかの感情を抱きます。心地よいものを見れば心地よく感じ、嫌なものを見たら嫌な気分になります。ほとんどの人は、気分よくいることに関して、いつも無力感を感じています。なぜなら、気分よくいるためには、自分の周りの状況が変わらなければいけないと信じているうえに、自分には変える力がない、と信じているような状況もたくさんあるからです。

ですが、すべての事柄において、「望むこと」と「望むことがない」という、二つの側面があることがわかれば、何に注意を向けているとしても、そのポジティブな側面をもっと見ることができるようになるでしょう。「軌道修正プロセス」とは、本当にただそれだけのことです。意図的にポジティブな視点――より気分がいい視点――を探して、注意を向けていることが何であれ、よりよい向き合い方をすることです。

望まない状況に置かれていて、嫌な気分のとき、このように意図的に言ってみてく

ださい。「望まないことはわかった……。では、望むことは何だろう?」。あなたのフォーカスした側面の影響を受け、あなたの波動も少し変化し、そうすることで引き寄せポイントも変わってくるのです。こうして、自分の人生について違う物語を語りはじめるのです。「お金がいつだって足りない」と言う代わりに、「もっとお金が手に入るのが楽しみだ」と言うのです。全然違う物語なので、波動も全然違うし、感情も全然違うので、やがて、全然違う結果をもたらしてくれます。

常に進化する視点で、「**わたしが望むことは何だろう?**」と自分に問い続けられたら、とても楽しい人生になっていることに気づくでしょう。

「望むことは何だろう?」と自分に問い続けることで、引き寄せポイントがその方向に変わっていくからです。少しずつ変わる過程ではありますが、日常的にこのプロセスを活用し続けると、数日で素晴らしい結果が現れるでしょう。

自分の望みと調和している?

思考の「軌道修正プロセス」とは、シンプルに言うと、こういうことです。

ネガティブな感情に気づいたら（本当のところ、あなたの思考と望むことが調和していないから感じているに過ぎません）、立ち止まって、こう言うとよいでしょう。「わたしは、ネガティブな感情を感じている。それは、自分が望んでいることと調和していないという意味だ。わたしが望んでいることは、何だろう？」

ネガティブな感情を抱いているときは、いつもその瞬間に望んでいることが明確になる、「とてもよい立場に置かれている」と言っていいのです。なぜなら、実際に望まないことを体験しているときほど、「自分の望むことが、はっきりとわかる」からです。その瞬間に立ち止まって、自分にこう問いかけてみてください。「重要な何かがきっとあるはずだ。そうでなければ、こんなにネガティブな気分にならないはずだ。自分が望んでいることは、何だろう？」。そして、ただ「あなたが望むこと」に注意を向けてください。

望むことに注意を向けた瞬間に、ネガティブな引き寄せは止まり、ポジティブな引き寄せが始まります。そして、その瞬間、あなたの気分も、嫌な気分からいい気分へと変わるでしょう。これが「軌道修正プロセス」です。

わたしが望むことは何？　そしてなぜ望むの？

自分の人生について違う物語を語ろうとすると、強い抵抗を感じる人がたくさんいます。それは、常に「事実」を語るべきだ、今の状態を「そのまま」語らないといけない、という観念があるからです。「その状況」を説明している最中も、「引き寄せの法則」が働いていて、語っている状況が長続きしていることがわかれば、自分のためにも違う物語を語ろう、もっと自分が生きたい人生に合った物語を語ろう、と決意するかもしれません。望まないことを認識したら、では「望むことは何だろう？」と自分に問いかけてください。そうすれば、徐々に新しい物語を語るようになり、もっとよい引き寄せポイント（作用点）へ移行していくでしょう。

「引き寄せの法則」は、一貫して完璧な精度で働くので、望むことも、望まないことも、「考えていることのエッセンス（要素）が現実化する」ことを覚えておくとよいでしょう。そのために、あなたが「今の状況」を語るとき、あなたが今まさに創造している未来の経験をも語っていることになるのです。

たまに、思考の「軌道修正プロセス」を、「望まないことを見ても、これは自分が望んでいることだと納得させることだ」と勘違いする人がいます。明らかに「間違っている」と信じていることを「正しい」と言ったり、望んでいないにもかかわらず、自分をごまかして受け入れなさい、とわたしたちが言っていると考えてしまうのです。ですが、何かについていい気分になったつもりで、自分の気持ちをごまかすことはできません。なぜなら、実際にどう感じているのかが本当の感情ですし、あなたが選んだ思考の結果に芽生えるのが感情だからです。

人生を生きるうえで、「**望まないことに気づき、望むことがはっきりする**」のは、素晴らしいことです。自分の感情を大切にしていると、人生の中の望まない側面を減らし、もっと望む側面のほうへと向ける思考の「軌道修正プロセス」を簡単に活用できるようになります。そうすると、あなたの改善したいいい気分の思考に「引き寄せの法則」が反応して、もっと望む側面に調和し、望まない側面が徐々になくなっていき、人生経験が変わってくるのに気づくでしょう。

意図的に「軌道修正プロセス」をすると、つまり、意図的に自分の思考を選ぶと、自分の波動の引き寄せポイント（作用点）も、意図的に選ぶことになって、自分の人生がどう展開するかを意図的に選択することにもなるのです。思考の「軌道修正プロセス」は自分の人生経験が意図する方向へ展開するように、意図的にフォーカスするということです。

今すぐ気分よくなれる

「もうすでに実現していたら、ポジティブなことにフォーカスするのは、もっと簡単なのに」と愚痴を言う人がよくいます。それは、**「いいことが起きているとき、いい気分になりやすい」**のを知っているからでしょう。もちろん、あなたがいいと認識していることが起きているときのほうが、いい気分になりやすいのは、わたしたちも否定しません。

ですが、もし今望まないことが起きていて、今起きていることにしかフォーカスできないと信じるのなら、一生かかってもいい気分にはなれないでしょう。なぜなら、望まないことへ注意を向けていることが、望むことの引き寄せを邪魔しているからです。

いい気分になるために、いいことが起きるのを待つ必要はありません。今現実に何が起きていようが、より改善した方向へ思考を向ける能力が、あなたにはあるからです。そして、自分の感情を大切にして、より気分のよい思考に軌道修正して意図的に注意を向けるようにすれば、人生はすぐに、ポジティブな方向に変わってくるでしょう。

あなたの人生で起きていることは、すべてあなたの波動に反応して、引き寄せられてきています。あなたの思考によって波動が放たれ、そして、自分の感情を見てみると、自分がどんな思考をもっているのかがわかります。いい気分になる思考を見つけてください。そうすれば、いい気分になることが現実になりますから。

多くの人たちがこう言います。「違う状況だったら、もっと幸せになれるのに。人間関係がもっとよくなれば、パートナーがもっと優しかったら、身体の痛みがなければ、もっと違う体形だったら、もっと仕事が充実していたら、もっとお金があったら……もっと人生の条件が変わったら気分よくなれるし、もっとポジティブな思考をもつことができるのに」と。

楽しいことを見るのは気分のよいことですし、目の前に楽しいことがあるので、気分よくするのは簡単です。しかし、周りの人たちに楽しいものだけを見せてほしいとお願いして回ることはできませんし、他の人に、自分にとって完璧な環境を用意してもらおうとするのも、よいアイデアとは言えません。これらの理由があるからです。

①あなたの環境を整えるのは他の人の責任ではない

②あなたがつくった状況を他の人はコントロールできない

そして、ここが最も大事ですが、

③自分の人生を創造する力を放棄することになる

「**注意を向けたものの中で、一番気分のよい側面を探す**」と決めてください。または、いい気分になることだけに、注意を向けてください。そうすればあなたの人生は気分のいいことばかりになるでしょう。

望まないことに注意を向けると、もっと望まないことを引き寄せる

楽しいことには、楽しくない側面があります。なぜなら、宇宙のすべての粒子は、

「望むこと」と同時に「望むことがない状態」の両方が、存在しているからです。望まないことに抵抗してそれにフォーカスしてしまうと、望まないことがどんどん近づいてきてしまいます。というのも、望むことだろうが、望まないことだろうが、あなたが意識を向けたものが引き寄せられるからです。

みなさんの住む宇宙は、「含める」仕組みで成り立っています。言い換えれば、「除く or 排除する」ことは、「含める」ことがベースの宇宙では、存在しないのです。望むものを見て「YES」と言えば、「YES、望むものよ、こっちへ来て」と言っているのと同じです。望まないものを見て「NO」と声を大にして言うのは、「望まないものよ、こっちへ来い！」と言っているのと等しいのです。

あなたの周りにあるものにはすべて、「望むこと」と「望まないこと」の両方の側面があります。望むことにフォーカスするのは、あなた次第です。人生をいろいろな選択肢があるビュッフェのようなものだと思って、意図的にあなたの思考を選んでください。いい気分になる選択肢を選べば、自分の人生や他の人との経験についても違う物語を語ろうと努力するでしょう。そうすれば、新しくて改善された物語のエッセンス（要素）と調和する形で、人生経験も変わってくるでしょう。

何にフォーカスしている？　望むこと？　望まないこと？

「自分では、望むことにフォーカスしているつもり」でも、実はそうでなく、逆のことをしているときがあります。言葉がポジティブに聞こえるから、あるいは笑顔で話しているからといって、あなたの波動がポジティブ寄りだとは限りません。自分が「望まないこと」ではなく、「望むこと」の波動を実際に発しているかどうかを確かめるには、言葉を口にしているときに、自分がどんな気分かに気づくしかありません。

問題ではなく、解決策にフォーカスする

気象予報士がテレビで「深刻な干ばつ」と言っていた時期、エスターはテキサス・ヒル・カントリーの自宅の敷地内の小道を歩いていて、芝生が乾燥しているのに気づきました。また、美しい木々や植物が雨不足でしおれているのを見て、とても心配でした。数時間前に水をいっぱい入れたはずの、鳥用の水入れも空になっていたのを見

て、きっとのどが渇いた鹿がフェンスを飛び越えて、少しばかり水を飲んだのだろうなと思いました。雨不足の深刻な影響に思いを巡らせたエスターはふと立ち止まり、空に向かって、とてもポジティブな声のトーン、ポジティブに聞こえる言葉で、こう言いました。「エイブラハム、雨が降ってほしいわ」

すぐにわたしたちは、聞き返しました。

「何かが足りないという立場から求めて、雨が得られると思いますか？」と。

「え？　何が間違っているの？」とエスターは聞いてきました。

「なぜ、雨が欲しいの？」と言うわたしたちの質問に、エスターはこう答えました。

「地球がまた元気になるから、雨が欲しい。林の生き物たちが水をたくさん飲めるから、雨が欲しい。草の緑が蘇るし、肌もしっとりするし、みんなが喜ぶからよ」

それを聞いてわたしたちはこう言いました。

「さあ、これで雨が引き寄せられています」

わたしたちの質問、「なぜ、雨が欲しいの？」によって、エスターは問題から注意をそらして、解決策へ向けることができました。なぜそれが欲しいのかを考えると、たいてい波動が望むほうにシフト、あるいは軌道修正されます。どのように、誰が、いつ持ってくるのかを考えると、常に問題のほうに波動が戻ってしまいます。「なぜ雨が欲しいのか」と質問することで、問題に向いていたエスターの注意は、望む思考に軌道修正されました。望むことだけではなく、なぜ欲しいのかも考えはじめたので、その過程で彼女の気分も和らぎました。その日の午後に雨が降り、晩には地元テレビ局の気象予報士が「珍しいことに、ヒル・カントリーで局地的な雷雨がありました」と放送したのです。

あなたの思考はパワフルなもので、多くの人が思っている以上に、あなたは人生経験をコントロールする力をもっているのです。

望むのはいい気分

幼い息子のおねしょに困っていた若い父親がいました。濡れたパジャマとシーツを毎朝片づけないといけないことも嫌でしたが、おねしょがあまりにも長く続くことに精神的にもまいっていました。そして、正直に言うと、息子のおねしょが、恥ずかしかったのです。「もうおねしょをする年齢じゃないのに」と、わたしたちに愚痴をこぼしました。

「朝起きたら、何が起きていますか？」と父親に聞いたら、「息子の部屋に入るとにおいで、またおねしょをしたなってわかるんです」と答えました。

「そのときの気持ちは、どんなものですか？」とさらに聞きました。

「無力、怒り、イライラです。こんな状態が長く続いていて、どうすればいいのかわからなくなります」

「息子さんには何て言いますか？」

「濡れたパジャマを脱いで、お風呂に入りなさい。もうおねしょをする年齢じゃないって、何度も言っただろう」

わたしたちは、「おねしょを長引かせているのは、実はあなたですよ」と父親に伝えました。こういうことです。「状況に自分の感情が支配されてしまうと、その状況を変える影響力はもてないのです。ですが、状況に応じて自分の感情をコントロールできたら、その状況を変える影響力をもつことができます」。例えば、息子さんの部屋に入ったときに望まないことが起きたのだと気づいたら、ちょっと立ち止まって、自分の望むことは何だろう、と自分に問いかけてください。なぜそれを望むのかを考えることによって、望むほうへ思考が軌道修正されて、すぐにあなたの気持ちが和らぐだけでなく、あなたのポジティブな影響力が結果として見えてくるでしょう。

「あなたの望みは何ですか？」と聞いたら、彼はこう言いました。

「息子がおねしょをせずに、恥ずかしいと思わずに、自分のことを誇りに思って、気分よく目覚めてほしいです」

この父親の気持ちが楽になったのは、望んでいることにフォーカスすることで、彼の望みと調和することができたからです。彼にこう伝えました。「こういう思考をもつことで、あなたが望まないことではなく、望むことの波動を放つので、あなたの望みと調和するため、息子さんにポジティブな影響があるのです。そうすれば、こんな言葉が口から出てくるでしょう。『まあ、これも成長の一環だしね。みんな経験していることだし、どんどん成長しているよ。濡れたパジャマを脱いで、お風呂に入ってきなさい』」と。この若い父親はしばらくして、息子のおねしょがおさまったと、うれしそうに報告してくれました。

嫌な気分のときは、望まないものを引き寄せている

みなさんは、大なり小なり自分がどう感じているかを知っていますが、「感情が重要なガイダンス（指標）だ」と知っている人は、そんなに多くいません。簡単に言えば、「嫌な気分のときは、不快になるものを引き寄せている」のです。例外なく、ネガティブな感情を抱いたのは、何か望まないもの、望むことがまだ実現していない状態にフォーカスしたからです。

多くの人はネガティブな感情を嫌がります。**でも、その感情は、あなたがどこに思考を向けてフォーカスしているかを教えてくれる重要なガイダンス（指標）です**。つまり、波動がどっちを向いているかを教えてくれ、あなたが何を引き寄せているかも教えてくれる大事なガイダンスになっているのです。ネガティブな感情を「警鐘」と呼んでもいいかもしれません。なぜなら、「思考の軌道修正をしてください」と、知らせてくれる合図ですから。わたしたちは、「導きの鐘（ベル）」と呼びたいです。

あなたの感情は、あなたが思考によって何を創造しようとしているかを教えてくれる「ガイダンスシステム」です。思考の力と気分のよいものにフォーカスする大切さを

知った方は、ネガティブな感情を感じたときに恥ずかしく思ったり、自分に対して怒りを感じたりしますが、あなたの「ガイダンスシステム」がちゃんと機能しているということですから、怒る必要はありません。

ネガティブな感情を察知したら、自分の「ガイダンスシステム」に気づけたことをほめてあげてください。そして、気持ちが楽になる思考を選んでください。少し気持ちが和らぐ思考を選ぶことは、思考の微細な「軌道修正プロセス」になります。

ネガティブな気持ちになったときは、こう自分に言ってみてください。

「ネガティブな感情を感じているということは、望まないことを引き寄せているということ。では、自分が望むことは何だろう？」

「いい気分でいたい」と認識しているだけで、思考を気分のよい方向へ向けるのに役立ちます。ただし、「いい気分でいたい」と「嫌な気分になりたくない」の違いを理解することは重要です。同じことだけど違う言い方をしている、と思う人もいますが、実際は真逆のことを言っているのであって、波動も全然違います。もし、気分のよいことを安定して探すことで、思考を導けるようになったら、素晴らしくいい気分の人生を創造する思考や観念のパターンができてくるでしょう。

似たような、より強い思考が組み合わさる

どんな思考にフォーカスしていても、過去を思い出していても、今起きていることを観察していても、将来のことを予想していても、その思考は今のあなたの中で活性化して、似たような思考やアイデアを引き寄せています。性質が似ているものを引き寄せるだけでなく、フォーカスする時間が長いほど、思考もどんどん強まって、引き寄せの力も強まります。

わたしたちの友人ジェリーは、このことを大きな船が入港する際に係留するロープに例えました。とても大きなロープで船をつなぐのですが、広大な海に投げて向こうまで渡すには太すぎました。なので、代わりに細いひもをボール状にしたものを港のほうへ投げて渡していました。その細いひもを別のひもとより合わせて少し太めのロープにし、さらにまた少し太めのロープとより合わせ、また別のロープとより合わせていき……やがて、大きくて太いロープが完全に渡され、船は無事に港へつながれたのです。これはあなたの思考が別の思考と組み合わさり、また別の思考と合わさり、そしてまた別のものへ、という感じでつながっていくのに似ています。

テーマによっては、ネガティブなロープを長く引っ張ってきたので、ネガティブなほうにそれてしまいやすくなります。つまり、他の人や自分の記憶、話題からほんの少しネガティブなものが出てくるだけでも、ネガティブなほうへすぐに下降してしまうのです。

あなたの引き寄せポイント（作用点）は、日々あなたが考えていることによって、おおかた決まります。そして、あなたの思考をポジティブ、あるいはネガティブなほうへ向けるかは、あなた次第です。

例えば、スーパーに行ったら、普段よく買うものが大きく値上がりしているのに気づいて、強い不快感を覚えたとしましょう。この品物が突然大きく値上がりしたことにショックを受けたし、値段に関して自分にはどうにもできないことだから、不快感を覚えるのは当然だ、と思うかもしれません。しかし、この不快感は、店による値上げのせいではなく、あなた自身の思考の方向が原因なのです。

先ほどのロープのたとえのように、ロープを結んで、どんどんつながっていくように、あなたの思考も別の思考と結びついて、強力なところへすぐに行ってしまいます。

例えば、「あれ、先週よりもずいぶん値上がりしている……理不尽なほどの値上げじゃないの……商売している人たちのお金儲けは、理解できないよ……手に負えない状態じゃないか……いったい世の中どうなってしまうのかな……経済危機がきているんだわ……こんな値上がりばかりじゃ何も買えない……やりくりするのも大変……生活費が上がる一方なのに、働いても全然足りない……」

もちろんこの一連のネガティブな思考は、お店や経済、政府への批判など、いろいろな方向へ向けることはできます。たいていは、起きていることすべてが個人的なことのように思えるから、この状況が自分にネガティブな打撃を与えるという気持ちになります。そして、あなたが選んだ思考によってあなたの波動が放たれていて、それが引き寄せに影響しているので、あなたにとってすべてが個人的なのは本当です。

「**自分の感情が、思考の向きを教えてくれている**」と理解すれば、もっと意図的に自分の思考を導くことができます。例えば、「あら、先週よりだいぶ値上がりしている……でも、他の買い物かごに入れたものは特に気づかなかったから……他は変わってないかもしれない……逆にちょっと安くなっていたかも……そんなに注意して見ていなかったし……これはかなり値上がりしていたから、たまたま目についただけ……値段は変動する……いつもやっていけているし……ちょっと値上がりしていても、やりくりできている……いろんな品物がこれだけ手に入るのは、素晴らしい流通システムのおかげだ……」

いい気分でいようと決めることができたら、安定していい気分になる思考を選ぶのがもっと簡単になってくるでしょう。

いい気分でいたいという願望がしっかりとあなたの中で活性化されたら、いい気分になる思考のインスピレーションがくるので、前向きな方向へ思考を向けるのがどんどん簡単に感じられてくるはずです。あなたの思考は、とてつもない創造力と引き寄せのパワーをもっています。それを効果的に活かすには、いい気分の思考を安定して選ぶことです。望むことと望まないこと、メリットとデメリット、いいことと悪いことなど、思考が行ったり来たりしてしまうと、純粋でポジティブな思考がもつモメンタム（勢い）の効力を活かすことができません。

「ポジティブな側面ノート」を作る

わたしたちがジェリー、エスターと一緒に活動をするようになった最初の年は、テキサスの自宅から300マイル（約480キロメートル）以内の都市のホテルで、参加者が安心して個人的な質問ができるように、小さな会議室を借りていました。その中でも、オースティンのとあるホテルは、エスターが予約して契約まで交わして、さらにイベントの数日前に確認の電話をしているのに、毎回忘れているようでした。当日ホテルに着いて（ホテル側は初めて聞いたようなリアクション）、なんとか開催できていましたが、ジェリーもエスターも、参加者が来る前に早く部屋の準備をしてほしいと急かすのは、とても心地のよくないものでした。

ついにエスターは「別のホテルを探したほうがいいと思う」と言ったので、わたしたちはこう答えました。

「それもいいかもしれない。でも、次のホテルにあなたたち自身も連れていくことになるのですよ。それを忘れないでくださいね」

エスターはちょっと納得いかない感じで「どういうこと？」と聞き返してきました。

なので、こう説明しました。

「何かが足りないという視点で行動すると、その行動は逆効果になるのです。新しいホテルを探したとしても、今のホテルとまったく同じような扱いを受けるでしょう」

ジェリーとエスターは、わたしたちの話を聞きながら思わず笑ってしまいました。なぜなら、これまでも同じ理由で、何度もホテルを変えてきたからです。

「それなら、どうすればいいんですか？」と二人は聞いてきました。新しいノートを買って、表紙に大きく「ポジティブな側面ノート」と書いて、1ページ目に「オースティンの○○ホテルのポジティブな側面」と書くように勧めました。

そこで、エスターはこのように書きはじめました。

「美しい施設だ。清潔だ。立地もよい。高速道路からも近いし、道もわかりやすい。部屋のサイズもさまざまで、増えつつある参加者にも対応できる。ホテルのスタッフはとてもフレンドリー……」

書くうちに、エスターのホテルに対する気持ちが、ネガティブなものからポジティブなものに変わっていき、彼女の気持ちが和らいだ瞬間、そのホテルから引き寄せるものも変わったのです。

エスターは、「いつも準備万全で迎えてくれる」とは書きませんでした。なぜなら、実際にそれは経験していないので、そう書いたとしたら、抵抗する感情を刺激したり、正当化や自己防御をしたくなる気持ちが湧いてくるからです。気分よく感じたいと思い、意図的にホテルのよいと感じていた側面にフォーカスしたので、このホテルについてのエスターの引き寄せポイント（作用点）が変わりました。すると、興味深いことが起きました。そのホテルがエスターたちの予約を忘れることは、もう二度となくなったのです。ホテル側の配慮が足りないとか段取りが悪いから予約を忘れていたとかいうわけではなく、エスターのホテルに対する思考に影響されていただけだとわかって、エスターは驚きました。つまり、エスターのネガティブな思考に、ホテル側も従うしかなかったのです。

この「ポジティブな側面ノート」を書くのが楽しくなって、エスターはさまざまな分野についても書くようになりました。**気分よくなりたいこと、改善したいことだけではなく、すでにいい気分のことについて書くよう、わたしたちは助言しました。**そうすれば、いい気分になる思考の習慣ができるし、気分のいい思考を純粋に楽しむようになりますから。素敵な生き方ですよね。

思考に力を与える「引き寄せの法則」

望まない経験をしているとき、人はよくその状況に陥ったのを正当化するためか、なぜこのようなことになったのかを説明しなくてはいけないと思うのです。自己弁護や正当化をしたり、自分以外の誰かや何かを責めたりしているときは、ネガティブな引き寄せが続きます。自分が望んでいる状況でないことを説明しようとすればするほど、ネガティブな引き寄せが続いてしまうのは、望まない体験について話している間は、望むことにフォーカスできないからです。ネガティブな側面に焦点を当てながら、同時にポジティブな側面にフォーカスすることはできないのです。

問題がどこから始まったのかをはっきりさせようとして、ネガティブな引き寄せを長引かせてしまう人が多くいます。

「問題の発端は何かしら？」「どうしてこんなことになってしまったのだろう？」

もちろん、状況をなんとかよくしたいと思うのは自然なことだし、解決策を探すのはもっともなことです。でも、「真剣に解決策を求める」のと、「問題を強調することで解決策の必要性を正当化する」のは、全然違うことなのです。

「望む状態ではない」と気づくことは大事な一歩ですが、気づいたらできるだけ早く、解決策のほうへ思考を向けてください。問題について追及し続けると、その分、解決策を見つけることを邪魔してしまいます。問題の波動と解決策の波動は周波数が違うからです。

思考の「軌道修正プロセス」の価値を知ると、望まないことに気づいたらすぐに望むほうに注意を向けるのがうまくなってきます。そうすると、世の中、うまくいっていないことよりも、素晴らしいことのほうが多いと気づくでしょう。「ポジティブな側面ノート」を毎日活用すれば、もっとポジティブ志向になれます。少しずつ思考のバランスがより望むほうへ向く助けになるでしょう。

もっと心地よい思考を探すことを意図するようになったら、「望むこと」について考えるのと、「望みがまだ実現していないこと」について考えることの差がとても大きいことに気づくでしょう。例えば、心地の悪さを感じながら、経済状況や人間関係、健康状態がよくなればいいなと、何か改善したいことについて話したり、考えたりしているときは、改善の道を自分で阻んでいることになるわけです。

思考の「軌道修正プロセス」と「ポジティブな側面ノート」は、どちらもまだ創造のごく早い段階で、自分がネガティブをたぐり寄せるロープの端をつかんでいることに気づき、すぐに手放してポジティブな思考のほうのロープをつかみ直すサポートをしてくれるものです。

一気に素晴らしい思考を探そうとするよりも、「少し気持ちがましになる思考」から始めて、より気持ちが和らぐ思考へ、そして心地よい思考へと、徐々に変えていくほうが簡単です。なぜなら、すべての思考（波動）は、「引き寄せの法則」によって、影響を受ける（動かされている）からです。

1日を心地よい思考でスタートする

自分が全然望まないことにフォーカスしているとき、実は、「ポジティブな側面に転換させる」より、「望まないことにフォーカスし続ける」ことのほうが楽だったりします（他にそう思うような証拠を探したりしてしまいます）。なぜなら、似たような思考が引き寄せられるからです。とてもネガティブなところから、一気にポジティブで楽しいところまで転換しようとしても、望む思考と望まない思考の波動のギャップが大きすぎて、無理なのです。無理なく、穏やかに大まかな視点で望む方向に思考をもっていくようにするのが、あなたの波動を改善させるコツです。

朝一番は、寝ている何時間の間は望まないことの波動から離れていたので、あなたにとって最もポジティブな状態でです。1日をスタートさせる際に、ベッドから出る前の段階で、あなたの人生のポジティブな側面をいくつか探してください。そうすれば、よりポジティブな気分と思考で1日が始まり、そこを起点に「引き寄せの法則」が心地よくて有益な思考をその日のうちに運んできてくれます。

つまり、毎朝が新たに波動の基礎（引き寄せの始点）を設定するチャンスであり、それが、その日1日の思考の方向性を決めることになります。そして、日中そこからブレることもあるかもしれませんが、そのうち自分の思考をしっかりコントロールできるようになり、自分の波動も、引き寄せポイントも、人生もコントロールできるようになっていきます！

睡眠はエネルギーを再調整する時間

眠っている間は、身体をもった人間としての意識が休まっているので、物質世界の引き寄せが止まっています。寝ているときは、インナービーイング（内なる存在）があなたのエネルギーを再調整しますが、身体にとってはリフレッシュと充電の時間なのです。ベッドに入るときにこう言ってください。「今夜はゆっくり休もう。眠っているときはこの身体の引き寄せは一切止まるし、目覚めるときには、文字通り物質世界に再び戻ってくることを知っている」。

つまり、朝目覚めるのは、生まれるのと、あまり変わらないのです。あなたがこの世に生まれてきたときと、同じようなものです。ですから、目覚めたら目を開けてこう言ってください。

「今日はよい気分になれることを探そう。よい気分でいること以上に大事なことはない。波動が上がるような思考を選ぶのが一番大事なこと。なぜなら、その思考が似た思考を引き寄せ、さらに他の似たような思考を引き寄せて、わたしの波動が上がって宇宙のポジティブな側面と共鳴できるようになるから」

あなたの波動は、ちょうど前の晩に寝たときの波動と同じです。なので、寝る前に心配事について考えていると、起きたときに、すぐにその前の晩の思考や波動から再スタートしてしまい、ネガティブなモードで1日が始まることになります。そうすると、「引き寄せの法則」によって、似たような思考がどんどん集まってきてしまいます。しかし、寝る前に、人生のポジティブな側面を探す努力をしたのなら、寝ている間は物質世界の引き寄せから離れてリフレッシュできているので、目覚めたときに「今日はよい気分になれることを探そう」と、自分の思考も人生もコントロールできる状態で1日をスタートできるのです。

世の中の問題を心配したり、今日やらなくてはならないことを考えるのではなく、ベッドの中でしばし、ポジティブな側面を探してみてください。「このベッド、心地いいいな。布団も気持ちいい。身体もいい感じ。枕も心地いいな。空気も新鮮。生きてるって、素晴らしい！」。そうすれば、いい気分のポジティブなロープを引っ張りはじめたことになります。

「引き寄せの法則」は、巨大な虫眼鏡のように、何でも拡大させます。ですから、目が覚めたら、身近なところでよい気分になれることを探そうとすれば、「引き寄せの法則」が似たような思考をもっと届けてくれるので、次から次へとよい気分の思考が集まってきます。つまり、これぞ、素晴らしい目覚めというものです。

ちょっとだけ努力して、よい気分を感じたいと望むことで、あなたの思考をより心地いいシナリオへ導いていけば、思考の癖も変わってくるので、引き寄せポイント（作用点）も変わってきます。そしてその証拠として、すぐにあなたの経験も変わってくるので、思考が改善していることがわかるでしょう。

「ポジティブな側面」寝る前のプロセス編

行動中心の生き方だと、努力しないと願望を実現できないと信じてしまいますが、思考の向きを意図的に調整することを覚えれば、思考のとてつもない力とそのレバレッジ（てこの原理）の効力がわかるでしょう。望むことについて考えたと思ったら、今度は望まないことについて考えてみたりと、自分の思考の力を弱めたりするのではなく、もっと一貫して望むことだけに思考を向けられるようになってくると、実体験をもってわたしたちの言っていることが理解できると思います。みなさんは、行動中心のせいで頑張りすぎたり、働きすぎたりしてしまいがちです。その結果、望むことではなく、何がうまくいっていないかに（解決する必要がある問題に）注意が向いてしまう人が多いのです。

寝るときに「ポジティブな側面を探すプロセス」を活用する方法として、ベッドに入ったら、日中で一番よかったことを思い出してください。きっといろいろなことが起きたでしょうから、しばらく考えなくてはならないかもしれません。嫌な出来事が思い浮かぶかもしれませんが、気分のよいものを探すという意図からぶれないようにしてください。そして、よかったことが見つけられたら、じっくり思いを巡らせてください。

このように言って、ポジティブな方向へ活性化させましょう。「よかったと思うことは……一番うれしかったことは……」。小さくても、どんなことでもいいのでポジティブな糸口を見つけて、1日で一番よかったことについて考えてください。このポジティブな思考の効果を感じられたら、今の一番の目的にフォーカスしてください。

「**ぐっすり寝て、起きたときにリフレッシュした状態で目覚めよう**」。

さらに、自分にこう言い聞かせてください。

「さあ、寝ようっと。寝ている間はすべての思考が休まるから、引き寄せもストップする。だから、身体もすみずみまで完全にリフレッシュしよう」

あなたのごく身近なものに注意を向けてください。例えば、心地のよいベッドとか、柔らかい枕など、その瞬間のウェルビーイング、幸せなことを考えるのです。そして静かに意図を確認してください。「よく寝て、そしてリフレッシュして、よい気分のポジティブな引き寄せポイント（作用点）で目覚めよう」。そうして、眠りについてください。

「ポジティブな側面」朝のプロセス編

翌朝、ポジティブな気分のよい状態で起きたら、最初の思考はこんな感じになるでしょう。「さあ、起きたぞ。物質世界にまた戻ってきたんだ」。そして、ベッドの中で横たわったまま、こんなふうに思考を巡らせてみてください。

「今日はどこへ行っても、何をしていても、誰と一緒にいても、いい気分になることを探すのを一番の目的にしよう。気分がいいときはパワーのある高い波動になる。気分がいいときはよいものと調和している。気分がいいときはうれしいものが手に入る引き寄せモードになる。気分がいいときは、いい気分!」（たとえ、よい感情が得られるだけだったとしても、いい気分でいるというのはいいことですよね。でも、それ以上にずっと素晴らしいものが引き寄せられるのです）

寝る前に2〜3分（で十分なので）ベッドに横たわって、周りのポジティブな側面を探します。そして、1日が始まる中でも、よい側面を探して、注意が向いたものが何であっても、もっといい気分になる理由を見つけるのです。

ポジティブな側面を探して、いい気分でいようと決めて、いい気分で1日を始めたとしても、もうすでに何かが起きていてネガティブな流れがあったり、ネガティブな感情になる分野があると思います。そんなネガティブな感情の最初の段階で、立ち止まってこう言ってください。

「わたしは、いい気分を感じたい。ネガティブな感情を感じているということは、望まないことにフォーカスしているってこと。わたしが本当に望むことは、何だろう?」

そして、望むことに注意をすぐに向け直して、ポジティブなエネルギーが身体に再び流れるのを感じるまで、その新しい思考やポジティブな思考にフォーカスし続けてください。

1日を過ごす中で、「もっと笑えて、もっと楽しくなること」を探してください。いい気分でいたいと思っていると、物事をそんなに深刻にとらえないし、そんなに深刻にとらえていないときは、望みが叶っていないことも気になりにくいので、気分がよくなります。そして、気分がいいと、もっと望んでいることを引き寄せます。人生はそうやってどんどんよくなっていくのです。

そして、夜ベッドに横たわって、その日にあった素晴らしかったことに思いを巡らせながら眠りにつくと、翌朝起きたときに、もっといい気分で目覚めることができるでしょう。

自分がどう感じたいか知っている

不快な状況に置かれている最中は、ポジティブな側面を探すのに苦労することがあります。耐えがたいものもあるだろうし、重大なことだったり、とてもひどい出来事だったりすると、ポジティブな側面を見つけるのは不可能だと感じることもあるでしょう。フォーカスしているひどい状態と、望む解決策があまりにもかけ離れているから、そう感じてしまうのです。つまり、解決策につながる行動を今すぐ見つけて、打開したいと思いながらも適切な行動が見あたらないときは、これを思い出してください。今この瞬間、この状況下で、「ポジティブな側面が見つからない。気分がよくなるためにできることがわからない」と思えたとしても、「どう感じたいかなら、いつでもわかる」のです。

例えば、「飛行機から飛び降りたのですが、パラシュートもありません。どうすればいいですか？」と誰かが言っているとしましょう。この時点では、どんな思考や行動をもってしても、ものすごい勢いで迫ってくる結果を変えられないような状況です。同じように、解決するための行動も、今すぐ状況を変えるための思考も見つからないときがあります。

ですが、あなたの思考がもつ力と、一貫していい気分でいることがもたらす効力のすごさを理解したら、感情が教えてくれるガイダンスを活用して、思考を意図的に選べるようになるでしょう。そして、よりよい感情にフォーカスすることで、簡単に人生を好転させることができます。少しでも気持ちが和らぐ思考を意図的に見つけることができたら、解決策への穏やかな道が開けてくるでしょう。

そうは言っても、どういう行動をとればいいのか、何を望んでいるのかがわからないときもあるかもしれません。ですが、どんな感情を抱きたいかがわからないということは絶対にないのです。言い換えれば、「悲しいよりは幸せを感じたい」し、「疲れるよりは、リフレッシュしたい」し、「無気力よりは、いきいきと感じたい」とあなた自身は知っています。無駄よりは生産的、制限よりは自由、停滞よりは成長を感じたいと……。

どんな行動をもってしても、調和しない思考を補うことはできませんが、感情をコントロールできるようになって、意図的に思考の方向を選べるようになってくれば、思考の力強いレバレッジ（てこの原理）を、身をもって知るでしょう。自分自身の思考をもっと意図的にコントロールできるようになれば、自分の人生経験をもっと意図的にコントロールできるようになるのです。

「気分よくいること」以上に、大事なことはない

自分の思考に対してもっと意図的になることは、そんなに難しくありません。食べるものや、車、洋服に対してこだわりをもつ人は多いですが、意図的に思考するということも、大して違いはありません。ですが、一番気分がよくなる側面を探して、意図的に思考を望むほうに向けられるようになると、食べ物や車、洋服を選ぶことよりもはるかに、人生が好転する大きな影響をもたらしてくれます。

これを読んで、その意義と影響力が本当に腑に落ちたら、今後は無意識にネガティブな感情を抱くことはないでしょう。ネガティブな感情は、もっと生産的で有益な思考に向けるための手助けとなる大事なガイダンスなのですから。つまり、「ネガティブな感情を感じているときは、何か望まないことを引き寄せている」のだと、これからは判断することができます。あなたの感情が教えてくれることへの気づきは、とても大きなことです。なぜなら、これまではネガティブな感情が何を意味するかを知らない状態で、望まないものを引き寄せていたわけですから。感情がガイダンスであると知った今は、自分で自分の人生経験をコントロールできるようになるのです。

ちょっとでも気分がよくないと感じたら、立ち止まって、自分にこう言い聞かせてください。

「気分よくいること以上に大事なことはないから、気分がよくなることを探そう」

そうすれば、よりよい思考が見つかり、どんどんよいほうへと展開していきます。いい気分になる思考を探す習慣がついてくると、あなたを取り囲む状況も改善します。絶対的な「引き寄せの法則」が働きますから。気分がいいときは、宇宙が協力してくれるので、扉がどんどん開いていくような感覚で、嫌な気分のときは、その協力が得られずに、扉が次々と閉ざされていく感じです。

いつでもネガティブな感情を抱いたときは、望みに抵抗している状態で、その抵抗はあなたにとって悪影響です。あなたの健康も損なうし、人生で受け取れるはずの素晴らしいさまざまなことにとっても痛手となります。

人生を生きるうちに、望むこと、望まないことがわかってきて、波動の「一時保管場所」のようなものができるのです。望むこととあなたの波動が一致し、完全に受け取れるまで、安全に預かってくれているような感じです。ですが、願望が実現していない状態でも、いい気分になる方法を見つけないことには、閉ざされた扉の外で、その望みが待っているのに、開け方もわからずにいるようなものです。あなたがよく考えていることのポジティブな側面を見つけて、意図的に思考を選べるようになってくると、そして普段から重要に思っているテーマでもっと、よりポジティブなほうを選べたら、扉が開いて、望むことすべてが楽に、どんどん実現していくでしょう。

よくなればなるほど、もっとよくなる

どんなことでも、意図的にポジティブな側面を探していれば、ある意味、すべてのよりポジティブな側面にあなたの波動をチューニングしていることになります。もちろん、ネガティブな側面に波動を合わせてしまうこともあるでしょう。親や先生、仲間によって比較された経験から、多くの人が自己批判に悩まされています。この自分に向いたネガティブな感情ほど、あなたのポジティブな引き寄せに有害なものはありません。

そこで、あまりネガティブな思考になったことのない分野を選べば、より気分のいい波動に合わせるのに役立つでしょう。その分野でいったん、気分よく感じてから、

思考を自分に向けると、いつもより自分のよい側面が見つかるはずです。一度、あなたの周りの世界のよい側面を見つけられたら、もっと自分のポジティブな側面も見つかりはじめるのです。そうなれば、世の中のポジティブな側面を見つけることも、さらに簡単になっていきます。

自分の好きでないところを探してしまうと、他人の中にも同じような側面を見つけてしまいます。「悪くなったら、どんどん悪くなる」と言いますが、自分や他者のポジティブな側面を意図的に見ようとしていたら、そうした側面がどんどん見つかります。つまり「よくなればなるほど、もっとよくなる」。

ポジティブな側面を見ること、そして、もっと望むことにフォーカスすることがどれほど大事かは、伝えても伝えきれないほどです。あなたのもとへやってくるものは、すべて、次のシンプルな前提に基づきます。「望むことだろうが、望まないことだろうが、あなたの考えていることがもっと引き寄せられてくる」。

わたしの宇宙は、ポジティブにもネガティブにもバランスを保っている

あなたはあなたの経験を創造するクリエイターです。あなたの経験を引き寄せるのも、あなたです。創造するということは、望むことを見つけて、それを追いかけて手に入れるということではありません。望むことにフォーカスして、経験したい側面に思考を丁寧に寄せていくことで、「引き寄せの法則」を活用して、手に入れるということです。

過去のことを思い出しているときも、未来のことを想像しているときも、今起きていることを観察しているときも、思考の波動を放っているので、「引き寄せの法則」がその波動に反応しています。「望み」や「観念」（観念とは繰り返し考えている思考のこと）を思考と呼ぶのかもしれませんが、何でも注意を向けているものが、あなたの引き寄せポイント（作用点）になるわけです。

どんなことも、実は、「望むこと」と「望むことがない状態」という二つの側面があります。実際にはネガティブなことに焦点を当てているのに、自分がポジティブに

フォーカスしている、と思い込んでいることがあります。人は「もっとお金が欲しい」と言いながら、実際にはお金が足りていない事実に焦点を当てていることもあります。たいてい、みなさんは病気だと感じているときに、健康になりたいという願いを口にすることがほとんどです。つまり、望まないことに注意が向くことによって、望むことがはっきりするのですが、願望にフォーカスしているように思える言葉を使っていても、ほとんどの場合は違います。

ポジティブとネガティブのどちらを引き寄せているかは、そのことを語っているときに、「自分がどう感じているか」で、意識的に見分けることができます。すぐに自分が引き寄せていることが現実に現れないかもしれませんが、あなたの考えていることと同じような思考、波動、そしてエネルギーがどんどん集まってきて、徐々に自分がどんな引き寄せをしているかがわかってくるでしょう。

宇宙は自分が注目したものに反応する

「言葉で他人の行動を制御することができるように、宇宙にあるものもすべてが自分の言葉に反応するのだ」と信じている、あるいは信じたがる人がほとんどです。「YES。こっちへ来て」と言えば、相手が来てくれることを期待するし、「NO。来ないで」と言えば、向こうへ行ってくれると期待します。ですが、宇宙は引き寄せベース（含めることを基本とした仕組み）なので、「NO」というものは存在しないのです。

何か望むことに関心を寄せて、「YES。わたしのもとへ来て」と言えば、あなたの波動に含まれて、「引き寄せの法則」によって引き寄せが始まります。逆に、望まないものを見て、「NO。嫌だ、あっちへ行って！」と言えば、宇宙はそれをもってきてしまうのです。あなたがそれに注意を向けると、あなたの波動がそれと一致してしまうため、それを引き寄せます。宇宙はあなたの言葉ではなく、波動に反応するのです。

「完璧な健康を望む。よし、健康のことを考えて完璧な健康に浸るぞ〜」と言えば、健康が引き寄せられてきますし、「病気は嫌だ」と言えば、病気を引き寄せます。「NO。イヤ、イヤ、イヤ」と言えば、どんどん近づいてきます。なぜなら、何かに抵抗すればするほど、その望まないものに、のみ込まれてしまうからです。

人は、ベストパートナーと出会えたら、理想の体重になれば、お金がたくさん貯まったら、探し求めている生涯の幸せが手に入ると信じがちです。しかし、「ここまで到達したらすべてよし、ポジティブな側面しか存在しない」なんて場所はないのです。宇宙は完璧なバランスです。つまり、ポジティブとネガティブ（望むことと望まないこと）の両方が、すべての粒子に存在しているということです。ですから、創造するクリエイターとして、選択する者、定義する者、決定する者として、ポジティブな側面を探してください。そうすれば、あらゆる分野において、それがあなたの人生となりますから。ポジティブな感情を求めて、完璧なものが目の前に現れるまで待つ必要はないのです。そうではなくて、あなたの思考と波動をポジティブに整える練習をすれば、ポジティブな引き寄せと創造ができるようになります。

毎日、1日の初めにこう宣言することをお勧めします。「今日は、どこへ行っても、何をしていても、誰といても、望むものを探すことを一番の目的にしよう」。

朝起きたら、「生まれ変わった状態だ」ということを覚えておいてください。眠っている間は、すべての引き寄せが止まっています。眠っている間の数時間、現実から隔離され、あなたの意識は引き寄せをしていない状態なので、真っさらな1日を始められるのです。朝起きたときに、前の日の悩みをまたぶり返さない限りは、あなたの新しい1日、新しく生まれた日、新しい始まりに影響することはありません。

気分よくいると決めたら、気分がいいことを引き寄せる

ある女性にこう相談されました。

「休日に開催される社内パーティーに、3、4回出席しなくてはならないと知りました。パーティーのことを聞いた途端、『ああ、メアリーも出席するに違いない。しかも、ゴージャスな姿で参加するんだわ』と、すぐに自分と比べだしました。誰が来ようが、他人と比べることをやめて、自信をもってパーティーに参加できるようになりたいです。人目を気にしてしまう自意識に関して、『思考の軌道修正』と『ポジティブな側面』を探すプロセスをどう活用するか教えてください。本当のところ、こうしたパーティーに参加したくないのです」

わたしたちはこのように説明しました。パーティーに参加することを考えて自意識過剰になったのかもしれませんが、その心地の悪い感情の原因は、パーティーでもメ

アリーでもありません。他者との関係を解決しようとして、子ども時代までさかのぼって、そう感じるようになった原因を探るのは複雑なうえに、何の得にもなりません。今置かれている状況からポジティブな側面を探すか、もしくはネガティブな側面に注目するか、望むことに思考を向けるか、望まないことを考えるか、その力があなたにはあるのです。そして今すぐプロセスを活用するか、最初のパーティーの数日前に実行するか、パーティーの最中にするか、すべて同じです。いずれにせよ、フォーカスしたときに、気持ちが和らぐ思考を探してください。

自分の頭の中で活性化させるものに対してはコントロールできますので、ことの最中にポジティブな側面を探すより、事前に備えるほうが簡単です。自分が望む状況を思い描き、パーティーでのポジティブな流れを練習すれば、実際にパーティーに行ったときに、何日も前に思い描いたように展開するでしょう。

「いい気分になる」のと、「嫌な気分になる」ことは、同時には起きません。「望むこと」と、「望まないこと」に、同時にフォーカスすることも、できないのです。

ですから、パーティー会場に到着する前に、あなたが望むこと、気分よく感じる思考の練習をしていたら、引き寄せの法則が、あなたが望み、心地よく感じるものを引き寄せてくれます。本当にそれくらいシンプルなことです。

今後、パーティーに行くときに、いい気分でいたいなら、これまでに何年も抱いてきた感情ではなく、違う物語を語ってください。これまでの物語は、こんな感じだったかもしれません。「夫の関係で、パーティーに招かれただけだ。わたしがいようがいまいが、誰も気にしていない。彼の職場の仲間でもないし、彼らが興味をもっているようなことは、わたしには理解できない。わたしは、よそ者でしかない。メアリーは、わたしみたいに、自分がよそ者だとは思っていない。あの装いや態度からも、自信があるのが伝わってくる。メアリーといると、わたしは魅力がないし、賢くもない、すべてがかなわないなぁ、と感じてしまう。こんなふうに感じてしまうのは、本当に嫌だ。パーティーには、行きたくないなぁ」。

より気持ちが和らぐ物語の例は、こんな感じです。

「夫はこの会社で尊敬されている。ここで働いている人だけでなく、配偶者も招いて、交流する機会を提供してくれるのは素敵なことだ。配偶者が、会社の内部事情に詳しくあるべきだと、誰も期待していない。むしろ、仕事のことは置いておいて、パーティーを楽しみたいんじゃないかな。夫の会社で起きていること以上に、人生にはいろいろあるわ。彼らが抱えるトラブルにわたしは関係していないから、新鮮な息抜きになるに違いない。メアリーは、屈託がなくて親しみやすい人だ。彼女も明らかに仕事のしがらみがなさそう。見ていて楽しい人だし、面白い人だわ。彼女が着ている素敵な洋服は、どこで買っているのかしら?」

つまり、この社内パーティーをきっかけに、これまで感じてきた自意識の問題や自分の不安や自信のなさをすべて解決しようとしなくていいのです。**ただポジティブなことを何か見つけて、それにフォーカスするだけです**。ポジティブなことに焦点を当てる利点を感じてください。そうすれば、いずれはメアリーが気にならなくなるし、もしかしたら友達にもなれるかもしれません。いずれにしても、あなたが決めることで、あなたの波動でそれが実現するのです。

他人の痛みを感じずにはいられない

ジェリーに、こう聞かれたことがあります。

「自分が心地よくない感情になる大半は、他の人が苦しんでいるのを見るときです。

『思考の軌道修正』を活用して、彼らの苦痛を自分ごとのように感じないようにはできますか？」

それに対するわたしたちの答えはこうです。

どんなテーマでも、注意を向けたものには、「望むこと」と「望まないこと」の両方があります。あなたが苦痛に感じるのは、他者が苦しんでいるからではありません。あなたが苦しく感じてしまうような、その人たちのそういう側面に注意を向けることを選んだためです。そこには大きな違いがあります。

もちろん、その人が苦しんでいなくて、楽しそうにしていれば、あなたも楽しいと感じるのは簡単でしょう。でも、自分の感情をコントロールするために、条件が変わることに頼ってはいけません。条件がどうであろうが、ポジティブにフォーカスする能力を鍛えてください。そのためには、すべての事柄は望むことと望まないことが含まれているのを覚えておくとよいでしょう。意図的にフォーカスすれば、気分がよくなることも探せます。

もちろん、「ただ、目の前で起きていることをそのまま見ている」ほうが、「意図的に望むことを探し出して、それに目を向ける」よりも簡単です。ですが、あなたにとって気分よくいることが大事であれば、惰性でいい加減に、目の前で起きていることをそのまま観察しようとは思わなくなっていくでしょう。なぜなら、気分よくありたいという願いに影響されて、ポジティブな側面を探そうという意志が強くなるからです。同時に、**気分のよいものにフォーカスすることが増えれば増えるほど、「引き寄せの法則」によって、気分がよくなることが増えていきます**。そのうち、ポジティブ思考になってくるので、そうでないものに気づかなくなってくるでしょう。

あるとき、息子の抱える問題を無視しなさいと、わたしたちがアドバイスしたら、その母親はこう言いました。

「見捨てられた、と息子に思われませんか？　息子に寄り添ってあげるべきでは？」

わたしたちは、彼女にこう説明しました。「息子さんの人生のポジティブな側面にフォーカスした際には、『見捨てる』ということは存在しません。むしろ、気分がよくない思考を『捨てる』ことに、大きな価値があるのです」と。

また、こうも言いました。「誰かの悩みや愚痴を聞くことは、決して誰の助けにもなりません。その人の助けにもならない。息子さんの人生がよくなっていくのを思い描くことで、望む方向へ向かう助けになります。その『望む場所』にいてあげてください。その『よりよい気分』になる『望む場所』に呼んであげるのです」

あなたが意図的に、気分よくいようと自分の感情を大切にするようにしていれば、気分がよくなる思考やテーマが、どんどん見つかります。そうすると、相手の気分がよくても悪くても、出会う前にしっかり準備が整います。気分よくいたいという望みがあるので、交流する人たちとの体験の道筋が整えられ、その人たちがどんなに大変な状況に置かれていても、ポジティブな側面にフォーカスするのが簡単になってきます。もし、自分の波動に気を配らず、いい気分の思考と波動を維持できていなければ、その人たちの状況にのまれて、あなた自身も嫌な気分になるでしょう。

強調しますが、つらい状況に置かれた「彼らの苦痛」のせいで、あなたが痛みを感じているのではありません。あなたは、「自分の思考」がもたらした「自分自身の痛み」を感じているのです。

これは、あなたに、「コントロール可能な真の自由」があることを意味しています。

「思考をコントロールできるから、自分の感情もコントロールできる」と知れば、もっとこの地球で自由に楽しく生きられるでしょう。

逆に、自分の感情は、他者の言動や状況のせいだと信じている場合は、他者の行動や状況をコントロールできないとなると、自由を感じることはできなくなります。

実は、それこそが、あなたが言っていた「苦痛」、痛みなのです。

わたしの同情は、誰の得にもならない

ジェリーにこう言われました。

「困っている人たちに関心を向けなければ、気持ちが楽になります。でも、その人たちを楽にしてあげることはできません。つまり、わたしは問題を解決できていませんし、問題を避けているだけ、と言えます」

それに対して、わたしたちはこう答えました。彼らの問題に焦点を当てなければ、あなたは気分よくいられるけど、彼らは問題を抱えたままということになりますね。現時点では、それは事実です。その一方で、あなたが彼らの問題に注目し続ければ、あなたも彼らも気分が悪いままですし、彼らの問題はそのままで、そしてあなたもいずれ問題を抱えることになります。ですが、問題にフォーカスせずに、彼らの解決策

やポジティブな展開を思い描くことができれば、あなたも気分よくなり、彼らがよりポジティブな思考をもって、ポジティブな結果につながるような影響を与えられる可能性が出てきます。

簡単な言葉で言うと、**あなたがネガティブな感情でいると、誰の役にも立てず、解決策も示せません**。なぜなら、あなたのネガティブな感情は、望むものではなく、望むものがない状態にフォーカスしているということを教えてくれているからです。

もし、不愉快な経験をしている誰かが、とてもネガティブな雰囲気でやってきたとき、あなたが意図的に気分をよくしてかかわっても、自分の意図との調和が達成できていなければ、そのネガティブな波動に足をすくわれ、彼らの悪循環に巻き込まれてしまうかもしれません。そして、あなたがその不愉快なバトンを別の誰かに渡し、その人がまた誰かに渡すという、苦しみの連鎖をつくることになり得るのです。

ですから、毎晩寝る前に、こう考えましょう。

「今夜、わたしが眠っている間は、すべての引き寄せが停止するから、明日は新しい始まりってこと。だから、明日は自分の望みを見つけて、気分よくいよう。気分よくいることが、何よりも大事だからね!」

1日の調子をこのように意図的に整えることができたら、朝起きたときに、前日のネガティブな波動をもち越さずに、真新しい1日を始められます。そして、そのときに苦痛を抱えた人が部屋に入ってきたとしても、その人の苦しみに影響を受けることもなく、逆に、あなたが幸せな実例を示すことができます。なぜなら、あなたの感じているものが、光のように放出されるからです。

さて、あなたが幸せでいたとしても、他の人たちもただちにあなたと「幸せの仲間入り」をするわけではありません。むしろ、あなたが感じていることと、他の人たちが感じていることに大きな開きがあると、お互いに関わるのは難しくなるでしょう。ですが、あなたがポジティブな波動を維持していたら、いずれ彼らも波動の高いところにやってくるか、逆にあなたの経験からいなくなるかの、どちらかです。不幸な人がずっとあなたの経験の中に居続けているとしたら、あなたが彼らに注意を向け続けていることが、その唯一の原因です。

あなたと友人2人の3人で、山の尾根を歩いているとしましょう。前をよく見ていなかったので、崖から落ちそうになって、もろそうなツタになんとかつかまっているのを想像してください。友人の一人は力持ちで頼もしく、もう一人はおっちょこちょいでぼーっとしているタイプ。どちらの友人がいてくれたら、ありがたいですか？

ポジティブな側面を探すことで、頼れる存在を探すことができます。それが内なる視点から見た「本当のあなた」です。一貫してよりよい気持ちと調和し続けていたら、宇宙の強力なリソース（資源）を活用することができるのです。

同情することは、彼らと同じように感じるまで、彼らの状況にフォーカスし続けるということです。「願望が実現する素晴らしい気持ち」と、「願望が実現しない嫌な気持ち」、誰もがそのどちらかを感じる可能性をもっています。どちらの側面に共感したいかは、あなたが選べるのです。見つかる限り最も気分よく感じる彼らの側面に共感してください。そうすれば、彼らの状況がよくなるような影響を与えられるかもしれません。

誰かが傷ついていても、傷つかない

ある男性に、こう聞かれたことがあります。

「どうやったら、相手が傷つくことに対して、自分の心を痛めずに、別れることができるでしょうか？　例えば、自分はもう先に進みたいと決めたのだけど、相手にはその準備ができていなくて、とても取り乱しているとします。そんな状況でどうやってバランスを保てばよいのでしょうか？」

わたしたちは、こう答えました。

「相手が自分の行動に対してどう感じるかを気にしながら、自分の言動をとろうとすると、あなたは無力になります。なぜなら、相手の見方をコントロールすることはできないため、自分の波動、引き寄せポイント（作用点）や自分の感情を、一貫して改善することができなくなるからです」

自分が何を望むのか、なぜそれが欲しいのかにフォーカスして、自分の波動を整えることをせずに、相手と別れようとすると、どんな行動をとったとしても、もっと不快な経験を引き寄せてしまいます。別れて一人に戻ったとしても、または他の誰かと付き合いはじめたとしても、古いネガティブな波動を引きずったままなので、よい展開にはなりません。簡単に言うと、別れる前に自分の波動のバランスを整えるほうが、ずっとよいということです。そうしないと、不快な経験がかなり長く続いてしまうでしょう。

この状況を検証して、あなたにはどんな選択肢があるのかを見てみましょう。しばらく一緒にいて、「二人の付き合いは、不幸なものだ」と思ったので、別れるという結論にたどり着きました。つまり、この人といても幸せになれないから、他の人を探したほうが幸せになる可能性が高いと思ったわけです。でも、それをパートナーに伝えたら、相手はもっと不幸になり、自分ももっと不幸になってしまいます。

選択肢の一つは、悲しませたくないから、「今言ったことは気にしないで。あなたと一緒にいる」と言うことでしょう。

でも、この場合、二人とも幸せでなかったから、別れようと決意したけれど、パートナーがもっと不幸になったので、その決断を取り消したら、少しましになったとはいえ、どちらも幸せとは言えない。結局は何も変わらず、むしろ前より張り詰めた感じで、基本的には二人の関係に満足もしていないし、幸せではない状態が残るのです。

もう一つの選択肢は、とにかく別れること。不快な思いをした出来事すべてにフォーカスして、別れる決断を正当化してみるのです。そうして、ネガティブなことにフォーカスすると、別れることに確信がもてるけれど、大して気持ちはましになりません。緊迫した状態から少しだけ解放されるかもしれませんが、自分が去った理由を正当化し続けるので、不快な状態が続いてしまいます。自分を悩ませていたものから逃げられたとしても、悩みはそのままです。

実のところ、「他の人が嫌な気分になる」のを防ぐことはできません。なぜなら、嫌な気分になるのは、あなたの言動のせいではないからです。人間関係や人生において陥りがちな最大の罠は、相手の気持ちを観察し、機嫌をとるための行動でなんとかしようとすることです。

幸せになる唯一の方法は、「幸せになる」と、あなたが決めることです。他者の幸せを自分の責任だとするのは、そもそも不可能なことをやろうとしているうえに、自分の波動に大きな不調和を招いてしまいます。

そこで今度は、「思考の軌道修正」と「ポジティブな側面を探す」という選択肢を見ていきましょう。今の場所にとどまり、行動やふるまいを大きく変えようとしないでください。つまり、一緒に住んでいるのなら、そのまま一緒に住み続けて、一緒に時間を過ごしているなら、そのまま一緒に時間を過ごしてください。この選択肢は、思考のプロセスを変えるもので、行動を変えるのではありません。これらのプロセスは、別の視点でフォーカスできるように、人間関係や人生について、もっと気分がよくて力を取り戻せる物語を語れるようにするためのものです。

例えば、このような感じで。

「この関係を終えたいと思っていたのは、自分が幸せじゃなかったから。でも、別れたとしても、そのままの状態の自分を、次の関係に、もち込んでしまう。不幸だからと言って去ったとしても、不幸な自分もついてくる。別れたいのは、気分をよくしたいからだ。別れることなしに、気分よくなることは可能だろうか？　この関係において、何か一つでも、気分よくなれる部分はないだろうか？

出会ったときのことを覚えている。一緒にいたらどんな感じだろうと、引き込まれるような感覚で、一緒にいてどんな発見があるか知りたいと思った。発見していく感覚は好きだったし、付き合いはじめたときは、うれしかった。時間が経つにつれて、お互いが完璧には合わないと気づいたけれど、それは誰のせいでもないことだ。完璧に合わないからといって、どちらかが間違っているということでもない。ただ、お互いにもっといい相手がいるかもしれない、というだけだ。

わたしが好きなところや、誰もがいいなと思うようなところも、この人にはいっぱいある。賢くて、好奇心が旺盛で、よく笑うし、楽しいことが好きだし……。一緒になれてよかったと思うし、きっと二人で過ごした時間が、お互いにとってよい経験だったと思える日がくると思う」

あなたの大事な質問に対しての答えはこうです。

「あなたの行動によって、他者の感じる苦痛をコントロールすること」は、できません。ただ、あなた自身の苦痛が和らぎ、改善する思考へ軌道修正することで、自分自身の感情をコントロールすることはできます。望むことに注意を向けると、いつでも気分がよくなります。

「望むものが、まだ実現していない」状態に注目してしまうと、いつだって気分は悪くなります。そして、「他者の望みがまだ実現していないこと」に注目しても、嫌な気分になるのです。

人間は行動がすべてだと思っているので、今すぐ自分がなんとかしなければ、と考えがちです。あなたのパートナーは、いきなり今のようになったのではありません。あなたと付き合っているときに、そうなったのでもありません。ずっと前からそうだったのです。「モメンタム（勢い）」は、長いことの積み重ねによるものです。なので、二人の会話で何かが変わると、思わないでください。種蒔きと同じだと考えることです。その種は、力強く確かなもので、あなたはその種を完璧に蒔きました。あなたの言葉によって時間をかけて育った種は、あなたがいなくなっても、なるべき姿へと花開いていくのです。

続けないほうがいい人間関係も多々ありますが、怒りや罪悪感、自己防衛の気持ちをもったまま、人間関係を終えることはしないでください。まずは、波動の調整をして、気分をよくしてから、去ってください。そうすれば、同じような関係を繰り返すことはありません。

他者の創造は、わたしの責任ではない

「他の人の人生で起きていることの責任」をあなたがとろうとしないでください。その人たちが、望まない場所から外に出ようとしていて、いずれよくなっていくと見てあげると、あなた自身も気持ちが和らいでくるでしょう。彼らが眠っている間によい方向へといけるようにあなたがよい影響を与えられるかもしれません。彼らのことを幸せだと見てあげてください。その人と交わした悲しい会話や、その人が望みから離

れた現状を繰り返し思い出したり、考えたりしないようにしてください。あなたが自分の人生を生きているように、彼らも自分の人生を生きているのだと思い描いてください。彼らにも「感情のガイダンスシステム」があって、自分の道を見つけることができるのだと、信頼してあげてください。

一番厄介なのは、助けてあげたいという想いで、「この人たちは自分では無理だから、わたしの助けが必要なのだ」という視点で相手を見てしまうことです。内側の奥深くでは、その人たちは自分に能力があることも、自分でどうにかしたいと望んでいることも知っているので、「助けなきゃ」という思い込みはむしろ有害なのです。

パートナーに対して、こんなふうに声をかけるといいでしょう。

「あなたは素晴らしい人です。望むレベルでのつながりは得られなかったけど、あなたにとって完璧なパートナーは存在します。その素晴らしい出会いの機会を得られるように、あなたを解放したいと思います。望んでいない形でお互いを束縛したりして、あなたをつなぎ止めたくないからです。だからその機会を探してください。お互いが望んでいるように、自由になりましょう。永遠にサヨナラと言っているのではなくて、わたしたちの関係を新しい理解のもとで見たいのです。結果を恐れて押し込める関係ではなく、内側からの情熱やポジティブな願望からインスパイアされた関係性でいましょう」

そうして、こう続けて言うのです。

「あなたのことを思い出すとき、たとえ今は悲しみの中にいたとしても、いずれ幸せになれると知っています。あなたの幸せな姿を思い描くことを選びます。だって、そんなあなたが一番好きだし、あなたも幸せな自分のほうが好きなのだから」

一見、冷たく、厳しくと聞こえるかもしれません。でも、これでいいのです。

ガイダンスに耳を澄ます？ 心地よい感情を探す？

どんな状況でも、あなたは「思考の軌道修正」をする能力をもっています。どんなにネガティブに見えても、その中のポジティブな側面に意識を向けることができます。それを邪魔してしまうのは、古い習慣、あるいは他者からの強い影響なのです。

ほとんどの人は古い習慣のまま生きていて、そのパターンがあまりにも根強いので、こういうとき、一番てっとり早くあなたが望む喜びの人生に近づくためには、眠りにつくときに思考の軌道修正をすることです。そして、起きたときに、思考が望む方向を向いた形で新しく1日をスタートするのです。寝る前に心地よい、気分のいい思考を探すことで、穏やかなマインドのまま眠りにつく。そのメリットとしては、起きてすぐに思考を、気分のいいほうへ向けられるということです。そうすれば、「思考の軌道修正」を最大限に達成できます。数日、そのパターンを実践すれば、あなたの思考の癖に大きな変化が起きて、引き寄せのポイント（作用する点）も変わってくるので、実際に、人生のすべての分野が好転していきます。

「もしもゲーム」

どんな分野での経験でも、できる限りそのよい側面を探すことをお勧めすると、決まってこのような質問をする人たちがいます。

「では、妻と5人の子どもがいる男性が、失業したばかりでお金がないのに、家賃を2日後に払わなければならない場合はどうするのですか?」とか、「ナチス軍の秘密警察が家の前までやってきていて、ガス室に送られて殺されそうになっている女性の場合は？　こうした人はどうやって思考の軌道修正をすればいいのですか？」と。

こうした極端なケースについては、このように答えるようにしています。

飛行機に乗っていて、６０００メートルの高さからパラシュートもつけずに飛び降りて、そのときに「さあ、どうすればいいの？」と聞くようなものです。普通はこんなにも極端で逃げ道がないような状況に遭遇することはまずありません。しかし、ドラマのような状況やトラウマをもたらす極端な状況においても、正しくフォーカスすることで、周りで見ている人が驚くような、奇跡とも呼べる解決策を引き出す力が、あなたにはあります。

つまり、どんな状況でもポジティブな解決方法を見つけるのは可能ですが、解決策に力強くフォーカスする必要があります。そうした状況に陥る人は、たいていの場合、解決策に意識を向けることに長けていません。だからこそ、そもそものようなネガティブな状況を体験してしまうのです。

極端な状況に巻き込まれた際、内側からパワーが湧き起こり、望みがより強まるので、解決策にフォーカスすることさえできたら、横ばいの状況から一気に高みへいくことができます。言い換えれば、大きな病気をすれば、健康に対する願望が強まるので、普通の人よりも健康になれる可能性を秘めているのです。しかし、「思考の軌道修正（病気ではなく、健康になりたいという望みに注意を向ける）」をしなければ、元気にはなれません。

ポジティブでよい側面を探す「もしもゲーム」をやってみてください。つまり、世の中をのぞき込んで人生の状況をコントロールできない世間の人々の例を参考にするのではなく、逆に「自分には力があることを感じさせてくれる物語」を語るようにしましょう。無力な被害者の物語を語って、被害者の気持ちを拡大させないで、違う物語を語りましょう。

例えば、「もしもこの女性が軍の秘密警察が押しかけてくる何週間も前に、地域に迫り来るホロコースト（ユダヤ人大虐殺）の噂を耳にしていたとしたら？　もしも、他の多くの人たちと一緒に、その地域から逃げていたとしたら？　もしも、彼女が未知の体験を恐れずにいたら？　もしも慣れ親しんだ日常に、しがみついていなかったら？　もしも、軍が押し寄せてくる2週間前に、姉妹や叔父叔母たちと新しい国での生活を決意し、捜索のときにはすでに自宅にいなかったら？」。

この「もしもゲーム」をするときには、自分が見たいものを探してください。あなたの気分がよくなるものを見つけてください。

「抜け道や逃げ道がない」ということは、決してありません。むしろ、何百、何千もの選択肢がありますが、多くの人は習慣で「足りない」という視点から選択をします。望まない状況に陥ったとき、もうなすすべがないと考えてしまうのです。

ウェルビーイング（健康や豊かさ）、繁栄や成功、幸福の証拠を見ようという意図をもてたら、同じような波動に自分も近づいてくるので、そうした心地よく、気分のいい経験が占めてくるようになります。「今日はどんなことがあっても、どんなことをしていても、自分が望むものを見つけるぞ！」と。

世の中の単なる観察者ではなく、意図をもってポジティブな貢献を世の中にしていくと決断したら、この地球での経験がより素晴らしいものになるでしょう。あなたの世界、国、地域、家族、あるいは自分自身の身体に、望まないことが起きたのを見たときには、違う物語を語ることができることを思い出してください。そして、違う物語を語ることには、大きな力があるということも思い出したら、この地球にやってくると決めたときに備わっていた豊富な知識に立ち戻れるでしょう。

今いる場所以外に行けないとしても、今いる場所をよりよい視点から語り、表現する力があなたにはあります。なので、それが意識的にそして意図的にできるようになったら、あなたが注意を向けたさまざまなテーマで、フォーカス、焦点の力を実感する証拠が見えはじめてくるでしょう。

日々経験するいろんな状況で、「**よい気分になることを選んで、意識してポジティブな側面を探す**」と決めてください。そして、「自分が何を望むか」を意図的に特定してフォーカスしていくと、「**永遠に続く、喜びと満足の道**」が開けてきます。

こういったプロセスは、シンプルでわかりやすいものですが、シンプルだからといって、その力を軽く見ないでください。一貫して実践して、「調和した思考が、どれほどの力になり得るか」をぜひ感じてください。「世界を創造するエネルギーの力」を知ってください。この力には、実はこれまでもずっとアクセスできました。あなたは、もうエネルギーの活用法を理解したと思うので、ぜひフォーカスして、個人的な創造のために活かしてください。

Part 2

お金の引き寄せと豊かさの実現

お金の引き寄せと豊かさの実現

お金は、人生を経験するうえで絶対に必要というわけではありませんが、ほとんどの人にとって、「お金」と「自由」は、同じことを意味しています。また、「あなたという存在の核にあるのが、自由に生きる権利であること」を深い部分で知っているので、お金との関係が人生で最も重要なテーマの一つになっています。なので、お金というテーマに対して、あなたが強い感情を抱くのも当然だと言えるでしょう。

なかには、人生を経験していくうちに、大金が流れ込んでくる自由を見つけた人もいます。けれど、多くの場合、必要としている金額、本当に欲しい金額より、ずっと少ないお金しか手にできないため、ほとんどの人が自由を感じていません。

なぜ、このような経済格差が存在するのかをはっきりと説明することで、「あなたが望み、手にするに値する豊かさを受け取りはじめてもらう」のが、わたしたちの意図です。この本を読み進めながら、「法則」に基づいたこれらの真実に共鳴しはじめれば、豊かな世界を味わいたいというあなたの望みに調和していきます。そして、あなたにも周りの人にも目に見えて、新たに知った調和の成果が、すぐに現れてくるでしょう。

経済的な豊かさを目指して何年も取り組んできた人にとっても、経験の浅い若者にとっても、経済的なウェルビーイング（成功や幸せ）への道のりを、遠いものにする必要はありません。また、多くの時間を費やすことも、物理的な努力も必要ではありません。これに関しては、エネルギーの「レバレッジ（てこの原理）」、効力をどのように活用すればよいのか、シンプルでわかりやすい言葉で、わたしたちが説明していきます。

あなたの経験に流れ込むお金と、「お金に対する思考」と、「お金にまつわる感情」とは、相互関係があります。その絶対的な相互関係を意識して、適切にあなたの思考を意図的に方向づけられたら、宇宙の力にアクセスすることができます。そうすると、経済的成功には、時間や物理的な努力はあまり関係ないことがわかってくるでしょう。

まずは、みなさんの住む世界と、宇宙のシンプルな前提から始めましょう。「考えていることが、現実になる」という言葉を聞いて、多くの方がこう言います。

「そんなはずはないでしょう。もっとお金が欲しいと願って、長い間ずっとお金のことを考えてきたのに、今でもお金が足りない状態のままで、ずっと苦労しています」

そうした人たちに、わたしたちは、経済状況の改善のために一番理解する必要のある大事なことを伝えます。お金のテーマには、実は二つの側面があります。

①お金がある。十分にお金がある。たくさんのお金で得られる自由な気分と安心感

②お金がない。お金が足りない。お金がないという思考が引き起こす、恐れと失望の感情

多くの人は、「もっとお金が欲しい」と口にしているから、自分はお金についてポジティブに語っているはずだと思い込んでいます。ですが、お金について（あるいは他のことでも）語っているときに、恐れや心地の悪さを感じていれば、実は「お金について」ではなく、「お金が足りないことについて」語っていることになるのです。

この違いはとても重要です。なぜなら、一方は、お金を引き寄せることになるし、もう一方は、お金を遠ざけることになるからです。

自分がお金について、「本当はどう考えているのか」を認識すること、さらに、お金について「本当はどう感じているのか」を知ることが大切です。

例えば、あなたが、このように考えたり、語っていたりするとしましょう。

「わあ、これはなんて素敵なの。でも、自分には買えないなぁ」

この状態だと、望む豊かさを受け取る波動ではありません。自分には買えないと

思って、がっかりしたときの感情は、あなたの思考のバランスが、「望んでいるもの」ではなく、「望んでいるものがない」という、不足の状態のほうに傾いていることを示す指標です。「欲しいものが買えない」と思ったときに感じるネガティブな感情は、あなたの思考のバランスを理解する一つの方法です。そして、実際に引き寄せている豊かさの程度によっても、そのバランスを知ることができます。

多くの人が「足りない」という経験を長く続けている理由は、単純に、今起きている現実についてしか考えていないというだけのことです。つまり、お金が足りない状況を経験し、それを見て頻繁に口にすることで、自分をお金のない状態にとどめてしまうのです。経済的な現状をそのまま語るのではなく、望む物語を語ることの力について説明すると、多くの人が反論します。なぜなら、「起きていることを忠実に話さなければいけない」と信じているからです。

ですが、「現状をそのまま」見続け、「現状をそのまま」語り続けるだけでは、状況はよくなりません。人や場所が変わったとしても同じことの繰り返しで、人生経験が好転することはないでしょう。大きな変化をもたらしたいのなら、それなりの波動の変化がないといけません。つまり、「違う感情が生まれるような思考をもつ必要がある」のです。

「足りない」からくる行動は、結果につながらない

ジェリー　何年も前のことですが、わたしがテキサス州エル・パソ近くでモーテルを所有していた頃、当時アメリカのトップ大富豪（超億万長者）の一人だったH・L・ハントから電話がかかってきました。彼が買収したオホ・カリエンテというリオ・グランデにある小さなリゾートが経営難に陥っていて、わたしならそこを立て直すのに役立つ情報をもっているかもしれないと、誰かに聞いたそうです。うちの小さなコーヒーショップで何度かお会いしながら、なぜこんなに大金持ちなのにまだ不満で、もっと儲ける方法を模索しているのかが理解できず、会話に全然集中できませんでした。どうしてその物件をいくらでもいいから売れる値段で売って、すでに蓄えたお金で人生を楽しまないのだろうかと、不思議に思いました。

超億万長者クラスの友人が、もう一人います。ブラジルのリオ・デ・ジャネイロのビーチ沿いを一緒に歩いていたときに、彼がビジネスにいくつか問題を抱えていること

とを話してくれました。わたしは、こんなに裕福な人でも、すべてがうまくいくわけではないんだと驚きました。エイブラハム、あなたたちから学んだこと（本当にたくさんのことを学びました）は、人生における真の成功とは、どれだけお金を持っているかとか、どれだけ物を持っているかではないということ。そうですよね？

まずは、「自分の波動のバランス」をとる

エイブラハム　あなたが持っているものも行動も全部、あなたという存在のあり方を高めるためのものです。つまり、あなたが「どう感じるか」がすべてで、どう感じるかが「本当のあなた」と調和するための鍵なのです。アラインメント（本当の自分との調和）を優先していると、あなたが集めるものや行動も、あなたのいい気分をさらに強めてくれます。しかし、先に波動のバランスをとらずに、さらに多くのものを所有したり、多くの活動に参加したりすることで気分をよくしようとすれば、もっとバランスが崩れてしまいます。

物を集めたり、行動したりすることをやめさせようとしているわけではありません。

なぜなら、そういったもののすべてが、物質世界を経験するうえで欠かせないものですから。つまり、この地球という物質世界を細やかに探求することで、自分にとっての喜びに満ちた成長と拡大を知って、素晴らしい経験をするという意図をもってあなたはやってきたのです。

しかし、バランスが崩れた状態で前に進もうとすることは、心地よくはないものです。自分がどんな感情を感じたいか、どのようにありたいかを明らかにすることから始めて、その安定した立場から届いたインスピレーションに従って集めたり、行動したりするようにすれば、バランスが保てるだけでなく、集めたものも行動も楽しめるようになるでしょう。

ほとんどの人が、「望んでいるものがない」という不足の立場から、欲しがります。多くの場合、それがないから欲しいと思うのですが、それが手に入ったとしても、またすぐに、「手に入っていないもの」が、見つかります。自分の内側の深いところで本当に満足することはないので、別の何かを探すという、終わりのない苦しみが続くのです（その何かが手に入っても、まだ満足できないでしょう）。

「これがないから、欲しい」。みなさんは、それが手に入れば、満たされない何かを埋められると本当に思っているのですが、それは「法則」に反しています。「ない」という「不足」の立場から行動をとるのは、いつだって逆効果です。それは、「足りないという、さらなる不足の気持ち」へと常につながるからです。人が感じている空虚感は、物で埋められたり、行動で満たせたりするものではありません。なぜなら、この空虚感の正体は、自身の望みと普段の思考の癖が放つ波動のギャップ、不調和だからです。

より心地よい思考をして、違う物語を語り、ポジティブな側面を探し、本当の望みに向かって思考の軌道修正をして、ポジティブな「もしも、こうなったら」を見つけようとすること。これが、その空虚感を埋める方法です。そして、これができたら、とても面白いことが起きてきます。ずっと欲しかったさまざまなものが、あなたの人生経験に流れ込みはじめるでしょう。ですが、あなたの空虚感を埋めるために、欲しかったものがやってくるのではありません。望みと思考のギャップがない、つまり、もうその空虚感が存在しないからこそ、望んだものが流れ込んでくるのです。

もちろん、たくさんの素晴らしいものが集まってきます。わたしたちは望むこと、欲すること、行動することをやめなさいと言っているのではありません。「いい気分の土台」から、欲して、集めて、行動してください。それが、わたしたちの伝えたいメッセージです。

お金も貧困も、喜びをもたらさない

ジェリー　エイブラハム、「幸せは、お金で買えない」とよく言います。一方で、貧しさも、幸せをもたらしてくれませんよね？　はっきりしているのは、「お金が幸せへの道ではない」ということです。そこで、もし何かを達成するという考えが幸せにしてくれるなら、達成自体を目標にするのは適切なのでしょうか？　また、目標にたどり着くまでに多くの時間とエネルギーを費やしている場合、どうやって幸せな気分を維持すればよいのでしょうか？

多くの場合、ゴールまでは上り道で、そのゴールにたどり着いたらちょっと休憩できるのですが、すぐに次のゴールまで、うんざりするような坂道が待っているように思えます。

苦労して、苦労して、苦労して、「やった、達成した！」と思ったらまた、苦労して、苦労して……。苦労して「あー、また達成できた」という感じではなく、どうやったら目標に向かって、楽しみながら進んでいけるのでしょうか？

エイブラハム　あなたの言う通りです。お金は幸せへの道ではないし、もちろん貧しさも、幸せへの道ではありません。

これはとても大事なことなので、覚えておいてください。幸せになる目的で行動するのは、まったく本末転倒です。そうではなく、**より気分がよくなる言葉と思考にフォーカスしてください**。そうやって、「意図的に幸せな状態をつくること」ができれば、素晴らしい行動のインスピレーションが得られるだけでなく、素晴らしい結果もついてくるでしょう。

ほとんどの人が、今起きている出来事に、注意の大半を向けています。つまり、うれしい結果なら気分がいいし、そうでない場合は、嫌な気分になります。しかし、それは苦労する人生の生き方です。「現状をそのまま」見ることしかできないようでは、物事はよくなりません。人生をよくするには、楽観的に前を向く方法を見つけないといけません。

「**いい気分になることに、あなたの思考をフォーカスできる**」ようになれば、目標を達成する前だとしても、幸せを見つけるのも難しくないし、いい気分を維持できるようになります。さっきあなたが言っていたような苦しみは、今いる場所と目指しているゴールの距離を常に確認してしまうから起きるのです。常に結果を気にしてしまうと、目標までに進むべき道のりがまだあることに気づくので、余計にその距離、こなすべきこと、それに伴う努力が強調されて、きつい上り坂のように感じるわけです。

どう感じるかを大事にして、感情を基準に思考を選べば、もっと前向きな思考のパターンをつくれるようになります。そうすると、より気分のよい思考に「引き寄せの法則」が反応して、もっと心地よい結果を得られるようになってきます。

「苦労して、苦労して、苦労して」では、決してハッピーエンドを迎えられません。それは、法則に反するからです。「ゴールにたどり着いたら、幸せになれる」というのは、実りのある考え方ではありません。なぜなら、幸せでなければ、ハッピーエンドにたどり着くことはできないからです。まず幸せになると決めることです。そうすれば、そこにたどり着けるでしょう。

わたしは、楽しく創造する者「クリエイター」

エイブラハム　あなたは、何かを集めたり、同じことを繰り返したりするために、生まれてきたのではありません。創造する者「クリエイター」として、生まれてきたのです。到着地を目指しているときは、今いる場所とその到着地までの間が満たされていないという感覚が強まります。その思考の癖は、あなたの創造のスピードを遅らせるだけでなく、無限に遠ざけることにもなります。あなたの経験を引き寄せているのは、あなた自身です。ポジティブな側面を見つけ、気分のよい思考を探そうと心がけたら、ポジティブな引き寄せができるし、望みも早く実現するでしょう。

　彫刻家が芸術作品をつくるとき、完成した作品に対して最大の満足感を覚えるのではありません。その創造のプロセス（作品を彫ること）が喜びをもたらします。あなたの物質世界での創造も、それと同じようにとらえてほしいのです。とどまることなく、喜びとともに出来上がっていく、というように。「気分がよくなる何か」にフォーカスして、安定して楽しい状態でいられたら、どんな望みでも引き寄せられるようになります。

「より幸せになるためには、それが実現する前に、幸せな気分にならなければいけないなんて大変だ」と不満を言う人が時々います。彼らは、「不幸なときには幸せなことが起きる必要がある」けれど、「すでに幸せなら、幸せな出来事は必要ない」と、信じていますが、それは「引き寄せの法則」に反します。望んでいることの詳細が引き寄せられてくる前に、その望みのエッセンス（要素）を感じる方法を見つけないといけません。つまり、豊かさが実現する前に、豊かだともっと感じるようにしなくてはいけないのです。

「もっとお金が欲しい」と言う人がたくさんいます。お金に対する彼らの思考のバランスを聞くと、「自分はとてもポジティブに向き合っている」、と言います。でも、請求書の支払いをするときにどんな気持ちになるかなど、深く探っていくと、ポジティブなようでも、実際はかなり心配していたり、恐怖を感じていたりすることに気がつくのです。**つまり、自分でも気がつかないうちに、お金に関する思考の大部分が「豊か」ではなく「足りない」ほうに、傾いている人が多いのです。**

波動のお金を使う効力

エイブラハム　お金に関する思考のバランスをすぐに変えるプロセスがあります。これをやれば、もっと楽にあなたの人生にお金が流れ込むようになります。

ポケットの中に、常に100ドルを入れて持ち歩いてください。1日を通して、「あれを買える。あれができる」という感じで、このお金でどれだけのものが手に入るかを意図的に認識してみましょう。

100ドルではこのご時世、大したものは買えませんよ、と言う人がいましたが、100ドルを頭の中で1000回使えば、波動的には10万ドル使ったことになりますよ、と説明しました。そうしたポジティブなフォーカスが、お金の波動のバランスを劇的に変えるのです。波動でお金を使うプロセスが、あなたのお金に対する感覚を変えてくれるので、あなたの引き寄せポイントも変わり、あなたの人生にもっとお金が流れ込むようになります。それが「法則」なのです。

誰かが「エイブラハム、『100ドルがなかったので、借ります』と書いたメモをポケットに入れました」と言うので、わたしたちはこう返しました。それではこれをやる意味がありませんよ、と。なぜなら、それは借金している気分で歩き回っているようなもの。わたしたちは、まったく逆のことをしてほしいのです。豊かさを感じてほしいのです。ですから、ポケットに入れるのが、20ドルや50ドルでも、１０００ドルでも1万ドルでもいいので、今うまくいっているように感じるために、効果的に活用してください。今豊かであると感じられたら、豊かさがもっとやってこざるを得ないのですから。

お金を必要としていると、お金を引き寄せられない

ジェリー　エイブラハム、わたしが一番がっかりしたのは、人々がもっと経済的に成功できる手助けをしようと働いていたときに、「最も必要としている人たちは全然成功せず、成功をまったく必要としていない人たちが、最も成功した」という点です。あべこべではないかと、いつも思っていました。より必要としている人たちほど一生懸命努力するから、いずれ成功するはずではないかと。

エイブラハム　不足感をもっている人は、いくら頑張って行動しても、もっと不足の状況を引き寄せます。つまり、その強い感情が、どんな行動よりも上回るのです。不足からくる行動は、いつだって、どんなものであっても、逆効果です。必要と感じていなかった人たちは、不足の感覚ではなかったので、効果的な行動がとれたのです。あなたが体験したことは、例外なく「引き寄せの法則」と完璧に調和していたわけです。宇宙のどこを探しても、今話していることに反することは、何一つありません。

ジェリー　あまり成功していない人、成功にあまり興味のない人たちは、たいてい、「お金は不道徳だとか、お金は悪いものだ」と教わっていることに気づきました。そして、たとえ満足していなくても、今のままが一番だと思っているようです。

エイブラハム　「わたしには願望がありません」と結論づける人が多いのは、すべてが二つの側面をもつことを理解しないまま、欲しがっては、欲しがって、欲しがる、ということをしていたからです。彼らは、「望んでいること」よりも、「それが実現していない状態」により多くの注意を向けてきました。そのため、「望んでいるものが不足した状態」を引き寄せ続けたわけです。そうして、しまいには疲れきってしまい、望むことは手に入らないと考えるようになるので、「望むこと自体が不快な経験」になってしまい、こういうことになるのです。

「何かを望んでも、いつだって不快な思いをするから、最初から何も望まないほうが楽だ。これからは、もう何も望まないことにしよう」

貧しい人が、貧しく感じていない場合は?

ジェリー　自分たちと比較して、誰かが貧しいと思ったとします。でも、当の本人が貧しいと感じていなければ、足りないという不足の状態にいないから、その人は早く豊かさへ近づけるということですよね?

エイブラハム　その通りです。他の人の評価を気にしなければ、あなたの引き寄せポイントには影響しません。他人と自分の経験を比較すると、その人のほうがもっと成功していると思い、不足の気持ちが大きくなります。自分の中で「より劣っている」という感覚が、大きくなってしまうのです。

また、他の人が貧しい体験をしていることを認識しても、それが自分の豊かさを引き寄せる邪魔をしてしまいます。なぜなら、「あなたが考えていることを引き寄せる」からです。

あなたが引き寄せることも、あるいは遠ざけることも、他人がしていることと、まったく関係ありません。たとえ現状がそうでなくても、豊かさを前よりも感じることができたら、豊かさが必ず引き寄せられてきます。他の人がどうしているかを気にするよりも、お金に対してあなたがどう感じるかを気にかけるほうが、よっぽど実りがあるのです。

自分の人生経験に、もっとお金を引き寄せるのは、多くの人が思っている以上に簡単です。必要なのは、「自分自身の思考の波動のバランスを整えること」だけです。もっとお金が欲しいけど、手に入らないと疑っていれば、バランスはとれていません。もっとお金が欲しいけど、「お金を手にすることは悪いことだ」と考えているとしたら、それもバランスはとれていません。もっとお金が欲しいのに、お金持ちに対して怒りを感じるようであれば、それもバランスがとれていないのです。

不適切だ、不安だ、妬ましい、不公平だ、怒りがこみ上げる、といった感情を抱いているときは、「自分の望みと調和していませんよ」と、あなたの感情のガイダンスシステムが教えてくれているのです。

多くの人は、お金というテーマについて、自分の内側で調和しようという努力をしません。逆に、何年もかけて人生が不公平だと指摘したり、お金の善し悪しをはっきりさせようとしたり、社会のお金の流れをコントロールしようとして法律を作ろうとしたりします。こうした外側の環境をコントロールしようとする不可能な試みよりも、はるかに小さな努力で、素晴らしい恩恵を得られるというのに。

「いい気分でいること」以上に、大事なことはありません。なぜなら、いい気分でいるときは、あなたの大きな部分（ソース）の意図と調和しているからです。頑張ったり苦労したりしないと、成功できないと多くの人が思っています。それだけでなく、努力して苦労するほうが誇らしい生き方だと信じています。苦労したり、大変なときこそ、何が望みなのかが明確になりますが、その苦労の気持ちを手放さない限りは、あなたの望みはやってこないでしょう。

一般的に、人は自分の価値を証明する必要があると感じていて、それを達成して、初めてご褒美がもらえると考えています。でも、あなたはもうすでに価値がある存在です。だから、その価値を証明できないだけでなく、そもそも証明する必要もないのです。では、その欲しいと思っているご褒美や恩恵を受け取るのに何が必要かというと、その望むものの本質と、自分が調和することです。あなたが人生で体験したいと思っていることと、あなたの波動をまず調和させる必要があるのです。

言葉だけでは伝わらないことも知っています。あなたがこの本を読んだからといって、わたしたちの伝える「引き寄せの法則」やあなたの価値を理解できるようになるとは限りません。けれど、ここでお伝えしている大前提を知ってもらい、提案しているプロセスを少しずつ活用してもらえたら、あなたの波動は改善するでしょう。

それに宇宙が反応して、これらの「法則」が本当に存在するんだ、と実感するような証拠が現れてくるでしょう。

ここに書かれていることを実践すれば、あなた自身の価値と、何でも望みを創造する能力をもっていることが納得できるまでに、そんなに時間はかからないし、難しくもないでしょう。自分の価値を信じることができない主な理由は、自分の望みを手に入れる方法を見つけられず、誰かに認めてもらえないとご褒美がもらえないのだ、と間違って思い込んできたことです。そんなことは絶対にありません。あなたの人生経験を創造しているのは、あなた自身なのですから。

こう言ってみてください。「**最高の自分になりたい。やりたいことをして、欲しいものを手に入れて、自分にとっての素晴らしさと調和した生き方をしたい。最高の身体と調和して、よい人生を生きたい**」。自分にこう言い聞かせながら、いい気分でない限り行動しないようにすれば、あなたの望みと調和した道を進むことができるでしょう。

わたしの「経済的な豊かさ」の物語

エイブラハム　経済的な豊かさを望んでいるのに、受け取れない人が多いのは、不足の思い込みや観念があるからです。「豊かさには限りがあり、みんなに行き渡るほど十分にはない」と信じていると、他の人よりも多く受け取っている人を見たときに、「あの人が受け取っているから、十分に行き渡らない」と、不公平に感じます。そう信じている人は、豊かさを自分から遠ざけてしまいます。自分が得られないのは、他の人が成功を手にしているからではなく、他の人と自分をネガティブに比較し、さらに、自分の望みが実現していない、と認識しているためです。他人が浪費したり、お金を貯め込んだりしているのを批判して、ネガティブな感情になったり、あるいは、単純にみんなにお金が行き渡らないと思っていたりすると、自分の状況が改善するのを阻んでしまいます。

他の人が何をしようが、何を持っていようが、あなたにはまったく関係ありません。**あなたの人生経験に影響する唯一のことは、「思考を使って、非物質世界のエネルギーをどう活用するか」だけです。**あなたが豊かであるか、そうでないかは、他の人の行動や他の人が手に入れるものとは、無関係なのです。関係あるのは、あなたの見方、視点だけです。あなたがどんな思考をもっているか、です。あなたのお金回りをよくしたいなら、違う物語を語ってください。

お金や物、土地などを手に入れて、いい生活をしている人のことを、多くの人は批判します。その批判は、その人が不足の思考を癖にもっていることを示唆しています。自分が達成できないことを「間違っている」ことにすれば、気持ちが楽になると信じているのです。ですが、それだと不足に注意を向けているため、彼らが目を向けるどの分野でも足りないという状況を長引かせてしまうため、決して気持ちは楽になりません。もし、他の人が願いを叶えているのを見ても、自分の中にその願いがなければ心地が悪く感じたりはしません。自分の望むことが達成できていないときは、誰かが達成しているのを見ると、心地よく感じられないのです。たびたび批判することを続けてしまうと、自分の望むことと一致しない波動に、自分を閉じ込めてしまいます。

違う表現で言うと、誰かから電話がきて、「こんにちは。あなたのことを知らないのだけど、もう二度と電話しないということを伝えるために、電話しました」と言われても、ネガティブな感情にはならないと思います。その人が、いてもいなくても、そもそもあなたには関係ない存在ですから。ですが、大切に思っている人から、同じことを言われたら、強いネガティブな感情を抱くでしょう。なぜなら、言われたことが、あなたの望みと違うからです。

何に対してもネガティブな感情を抱くということは、人生経験を通して望みが芽生えたにもかかわらず、今は、望みに反する思考をもっている、ということです。ネガティブな気分になるのは、いつだって波動が一致していないからです。ネガティブな感情は、「本当のあなた」、そして、自分の望みと、思考を調整させるために役立つ、ガイダンスなのです。

貧しい人が、金持ちを批判すると？

ジェリー　子どもの頃、貧しい人たちのほうが身近だったので、裕福な人たちを馬鹿にしていました。例えば、高級車を運転する人たちを批判したりしていました。なので、大人になってから、キャデラックが欲しいと思ったときに、自分が子ども時代にそうした人たちを馬鹿にしていたように、自分も批判されるのではないかと思って、なかなか踏みきれずにいました。なので、当時は「手頃な車」とされていたメルセデスベンツに乗っていました。

キャデラックに乗れるようになったのは、このように自分に言い聞かせたからです。「この車を買うことで、組み立て作業をする人の仕事を生み出すことができる。部品や材料を供給する人たちの仕事を生み出すことができる。革、金属、ガラス……そうした職人たちの仕事をつくることに貢献することになる」。そのように正当化して、ようやく買ってもいいと、自分に許可が出せたのです。自分の思考を橋渡しする方法を見つけられたからこそ、成功のシンボルといえる高級車を、自分の人生に受け入れられるようになりました。

エイブラハム　あなたの思考を橋渡しするプロセスは、効果的です。いい気分になりたいとき、少しずつ、よりよい気分になる思考を選べると、自分の望みと調和します。そして、現状を改善させるのを邪魔していた抵抗を手放すことができます。他の人がもつ反対意見にフォーカスするのは、自分にとって逆効果な行為です。なぜなら、そうすることで自分自身との調和ができなくなるため、自分の状況を改善するのを阻んでしまうからです。いつだって自分と意見が分かれる人たちはいます。そうした人たちに注意を向けてしまうと、望みとあなたの波動がずれてしまうことになります。自分がどう感じているかを気にかけることで、あなた自身の「感情のガイダンスシステム」に、耳を澄ましてほしいのです。そうすれば、自分の望みと言動がぴったり合っているかどうか、わかるようになります。

どんなテーマでも、どの側面を選んでも、自分と意見が一致しない人はいるわけです。だからこそ「本当のあなた」との調和を探すことがあなたにとっての最大の努めだということをわかってほしくて、これほど力を込めて話しているのです。

もし、あなたが自分自身を信頼できれば、もともと意図していた通りに、この感情のガイダンスシステムを使用することができるでしょう。自分自身を信頼するとは、人生を通してはっきりとした気づきを得られている、そして、自分のやろうと思っていることが適当か否か、自分の感情という個人的なガイダンスを通してわかると、信頼することです。

お金の価値が落ちたらどうする？

ジェリー　エイブラハム、お金といえば、かつてはコイン（貨幣）が主流でした。例えば、20ドル金貨のゴールド地金に20ドルの価値があり、銀貨には銀の価値が……というように、材料の金属に価値がありました。そのコインの価値を理解するのは簡単なことでしたが、今はお金自体に価値がなく、お札（紙幣）やコイン（貨幣）も価値がありません。

物や才能の対価として交換する際に、お金はとても便利だといつも思っていました。チキンや牛乳、じゃがいもの山を交換しようとなると大変ですからね。しかし、現代のお金は人工的に価値が下げられ、ドルの価値を真に理解するのがどんどん難しくなってきています。言い換えれば、自分自身の価値を問われているように感じます。「自分の才能は、どれくらいの価値があるのだろうか？　自分が費やしてきた労力と時間に対してどれくらいの報酬を請求すればいいだろうか？」。

でも、自分たちの価値をそのようにとらえなくていいとあなたたちは教えてくれました。むしろ、考える必要があるのは、自分たちの望みは何か、そしてあとはそれを受け取ることだけだと。

経済面において、多くの人が将来に不安を感じています。「ドルの価値の変動は、自分たちにはコントロールできない」と感じているからです。なぜなら、ごく一部の人たちがコントロールし、操作しているように思えますから。もっとインフレになるかもしれない、あるいはまた不況がやってくるかもしれない、と多くの人が心配しています。こうしたドルの価値のような、自分たちにはコントロール不可能なことを心配しなくて済むように、「引き寄せの法則」を理解してもらいたいと思っています。

エイブラハム　お金のテーマにおいて、とても重要な部分に触れましたね。おっしゃる通り、現在のお金には、以前のような価値がないことに、多くの人が気づいています。

そういうことも、不足していると執拗に感じる理由となっていて、豊かさの引き寄せを阻んでいます。

ドルとその価値は、信じられているほどには、あなたの人生経験にとってそれほど重要ではないことをわかってほしいのです。そして、どうなりたいか、何が欲しいのか、何をしたいのか、あなたが何を望んでいるのかに注意を向けてください。そうすれば、必要なお金が全部、あるいは望みを実現するのに必要な分がもっと楽に、簡単にあなたの人生に流れ込んでくるでしょう。

同じ言葉を繰り返すようですが、不足の場所からは、その反対のものを引き寄せられません。要は、自分の中で心地よい思考と調和するように、あなたの思考を調整するということです。

あなたのすべての思考は、波動を放っています。**その思考の波動によって、引き寄せが起きています**。不足の思考をもっていれば、「あなたの内なる存在」とかけ離れた波動でいるので、内なる存在とはまったく調和できません。その結果として、ネガティブな感情を感じるのです。逆に、気分が上がるような、豊かな、ウェルビーイング（健康と幸せ）な思考をもっていれば、内なる存在と調和するので、そうしたときは、ポジティブな感情で満たされます。

すべてのことには二つの側面があります。あなたが、「望むもの」か、「望むものがない状態」のどっち側にいるかを教えてくれる指標として、感情があります。お金があるのか、足りないのか、健康か、不健康か、望む人間関係があるか、ないか……。どんなテーマであろうと、「いい気分のときはいつだって、望んでいることが引き寄せられている」ということです。

悪循環をひっくり返して、好転させるには？

ジェリー　昔は、お金の問題を抱えている人を見かけたら、彼らのことを心配していました。どんどん悪循環に陥っていき、最終的には破産するのを見てきました。でも彼らは、すぐにまた新しい船や高級車、美しい豪邸を手に入れるのです。つまり、わたしが見てきた中で、どん底にい続けた人はいませんでした。ですが、なぜその負のスパイラルの早い段階で止まって、好転させられなかったのでしょうか？　どうして多くの人が、一度どん底までいってからでないと、戻ってこられなかったのでしょうか？

エイブラハム　負のスパイラル、悪循環の原因は、不足へ注意を向けたことです。何かを失うかもしれない、あるいは何か失いつつあるものに注意を向けていると、望むことの不足にフォーカスしていることになります。その不足が引き寄せポイントになっている限りは、もっと失うことしか起こらないのです。用心深くなったり、守らないといけない気持ちになったり、あるいは、正当化や自己弁護、または非難したりして、バランスでいうと不足側に傾いていたため、もっと失う経験を引き寄せたのです。

ですが、いったん、どん底まで落ちたら、失うものもないので自己防衛的な場所から脱しました。そして、注意の方向も変わったので、波動も変わり、彼らの引き寄せポイントも変わったのです。彼らが、どん底だと思っていたところに到達したことで、上を見るしかなくなったのでしょう。その状況のおかげで、彼らが強制的に別の物語を語れるようになったと言えます。

人生を生きていくうちに、たくさんの素晴らしい望みが芽生え、あなたの経験にやってこようとしています。心配や疑い、恐れ、恨みや批判、嫉妬などの数々のネガティブな感情は、指標としてあなたの思考の多くが望みを遠ざけていることを教えてくれています。玄関のすぐ外までたくさんの願望を引き寄せているのに、扉が閉まっているようなものです。１００ドルで何が買えるだろうかと違う物語を語りはじめ、リラックスして人生のポジティブな側面にもっとフォーカスするようにしてください。

波動を一本の棒に例えると、（ポジティブとネガティブの両サイドが存在する中で）よりいい気分の端を意図的に選ぶことで、その扉が開いて、欲しかったものや体験したい人間関係などが一気に流れ込んでくるでしょう。

何かに反対する闘いは、闘いと同じ

エイブラハム　「人生経験を創造するのは、自分自身だ」と認識し、意図的に自分の思考を向けるためには、ほとんどの人が調整を必要とします。なぜなら、行動することで物事は実現すると、ずっと信じてきたからです。「行動しないと、実現しない」と、間違って信じてきただけでなく、望まないことにプレッシャーをかけたら、それがなくなる、と信じてきました。そのため「貧困との闘い」や「薬物との闘い」、「エイズとの闘い」や「テロとの闘い」などがあるわけです。

望まないものに抵抗すれば、それがなくなると信じているかもしれませんが、「引き寄せの法則」は、そのようには働きません。あなたの経験からもそれがわかると思います。なぜなら、そういった闘いは、どんどん大きくなっていますから。

「望むことがない状態」に注意を向けると、「望まないこと」が大きくなって近づいてきます。同じように、望んでいることにフォーカスすると、それが大きくなって、あなたに近づいてくるのです。

リラックスして、あなた本来のウェルビーイング（健康と幸せ）に委ねて、こう自分に言ってみてください。

「**わたしは、豊かさが欲しい。『宇宙の法則』を信頼しているし、欲しいものが明確になったから、リラックスして自分の人生経験に招き入れよう**」と。そうすれば、あなたの望むことが、もっとやってくるでしょう。もし、自分の経済状況が大変だと感じていたら、経済的なウェルビーイング（成功）を遠ざけてしまいます。逆にあなたの経済状況を気楽に考えられたら、豊かさがもっと流れ込んできます。本当にそれくらいシンプルなことなのです。

なので、誰かがとても上手にお金を引き寄せているのを見て、あなたがネガティブな感情を抱いたとしたら、それは、「今の思考が、自分の経験に招き入れたい豊かさを阻んでいますよ」と教えてくれるサインです。誰かのお金の使い方や引き寄せ方に批判的になっていたら、自分自身の受け取れるお金を遠ざけているのです。でも、**「誰かがお金をどう扱っても、自分には関係ない。自分の一番の仕事は、心地よいことを考え、口にして行動することだ」**と気づけば、経済的なことだけではなく、この地球での経験で大事な他のすべての分野も整うでしょう。

才能がなくても成功できるの？

ジェリー　人生に豊かさやお金をもたらすのに、才能やスキル、能力はどれだけ関係がありますか？

エイブラハム　ほとんど関係ありません。そういったものは、すべて行動に関することで、行動というのは、引き寄せに関しては、ごく小さなレベルでしか影響しません。あなたの人生が今のように展開しているのは、「あなたの思考と言葉（言葉は思考を音で表現したもの）」が原因です。

ジェリー　もし、そうなら、「売れるスキルや才能がなくても、経済的な豊かさを受け取れる」ということですか？

エイブラハム　もちろんです。他の人と比べたり（自分には売れるスキルや才能がないと結論づけたり）すると、自分は劣っていると感じて、自分へのネガティブな期待によって、人生経験をダメにしてしまうのです。

あなたが身につけるうえで最も価値のあるスキルは、「**望むことに思考を向けるスキル**」です。そのスキルがあると、すべての状況をさっと判断して、速やかに自分が一番望んでいることを明確にし、注意を真っすぐに向けるのがうまくなります。あなた自身の思考を望む方向にシフトするスキルはすごいもので、単なる行動で得られる結果とは、比べることができないくらいの結果が得られます。

「与えなくても、得ること」は、できるのか

ジェリー　「1ドル分の価値がある何かを提供しないと、1ドル分の価値のものを得られない」という多くの人々がもつ観念を手放し、正しく理解するためには、どうすればよいのでしょうか？

エイブラハム　あなたの知識は、すべて人生経験を通してしか得られません。けれど、その人生経験は、あなたの思考が引き寄せた結果です。ですから、長い間ずっと何かを望んでいたとしても、あなたの思考が不足のほうに向いていたら、望んでいることは実現しません。個人的な経験を通して、それが不可能だとか、苦労するとか、結論づけていくようになります。つまり、厳しい人生を生きているから、さまざまなことに対して、そう結論づけてしまうのです。

わたしたちの願いは、あなた自身でつくり上げた「苦労の根っこにあるのは何か」を理解するサポートです。すべての物事の基礎となるこの法則を理解してもらうために、違う前提から始める手伝いがしたいのです。あなたが「宇宙の法則」を新しく理

解し、違う物語を語りはじめるようになれば、違う結果が得られるようになります。違う結果が得られれば、違う観念や知識が得られるでしょう。

自分にどれほどの価値があるのかを決められるのは、あなただけです。どんな自分になりたくて、自分がいる場所はどこなのかは他人にはわからないし、あなたがどこにいるべきかを決められる人はいません。あなただけが決められることなのです。

宝くじを当てたい人たち

ジェリー　多くの人が、棚ぼたや大当たりすることで、「お金のためにやっている、嫌いな仕事や借金から解放される」ことを願っています。よく聞くのが、宝くじが当たればいいなという声です。誰かの負けと引き換えに、自分が宝くじを当てて豊かになろうというものです。

エイブラハム　その人たちが、望みは実現するという期待をもっていたならば、何らかの方法でお金を引き寄せることができるでしょう。でも、多くの人は宝くじに当たる確率がどれほど低いかを知っているため、宝くじが当たるという期待も強くはもたないのです。

ジェリー　「宝くじが当たったらいいなと思う」のと、「宝くじが当たるだろうと期待する」ことは、どう関係するのでしょうか？

エイブラハム　疑うよりは、そうなるといいと思うほうが有効なように、そうなるといいと思うよりは、そうなるだろうと期待するほうが、もっとパワフルです。

ジェリー　では、人が「まだ人生経験に現れていないことを期待できる」ようになるには、どうすればよいのでしょう？　どうやったら、「人生でまだ経験していないのに、期待する」といったことが、できるようになるのでしょう？

エイブラハム　**お金を引き寄せるために、お金を持っている必要はありませんが、貧しいと感じていては、「お金を引き寄せること」はできません。**鍵は、状況が変化する前に、今いる場所を否定しないで、より気持ちが和らぐ感情を探すことです。思い通りになっていないことを意識するのを減らして、現状ではなく、望む物語を語ることです。そうすれば、あなたの波動が変わり、引き寄せポイントも変わり、結果も変わってきます。手に入るものが変わることで、間もなく豊かであるという観念や自覚が芽生えるようになって、それによって難なく同じ結果がさらにもたらされるようになります。よく「金持ちはもっと金持ちになり、貧乏人はもっと貧乏になる」と言われる理由は、そこにあるのです。

「いい気分になる理由」を探してください。何を望んでいるのかを明確にして、いい気分でいられる思考を保ってください。

豊かな人生は、「魔法」ではない

エイブラハム　説明した通り、わたしたちの視点からすると、宇宙の本質は豊かさです。そして、その豊かさを受け取る可能性はいつだってあります。ですが、この本を読んだからといって、「わたしたちの知識が、あなたのものになるわけではない」ことはわかっています。もし、あなたに、「信頼して、とりあえず理解してみて」と言ったとしても、あなたは、わたしたちの理解をそのまま取り入れることはできないでしょう。なぜなら、あなた自身の人生で経験することでしか、あなたの知識にはできないからです。

あなたの観念は、あなた自身の経験を通して得たものなので、実に強力です。たとえもっとあなたに役立つ観念がたくさんあったとしても、すぐに今の観念を手放して、他のものを採用するのは難しいと思います。ですが、自分の今の観念を即座に手放さなくても、人生で大きく変化していくことはできます。今日から始められるのです。**「自分の人生や大事なことについて、もっとポジティブで、いい気分になる物語を語る」ようにしてください。**

現状をドキュメンタリーのように忠実に表現したり、メリットとデメリットを測ったりするのでもなく、気分が上がるような、創造力に満ちた、魔法のような素晴らしい物語を語ってみてください。そして、どうなるか見てみてください。目の前で人生が変わりはじめる様子を見れば、それが、まるで魔法のように感じるかもしれませんが、魔法ではありません。これぞ、「宇宙の法則」の力によるものであり、あなたが

「引き寄せの法則」を意図的に働かせた結果なのです。

お金のために、自由をあきらめる？

ジェリー　この本のタイトルを「お金と引き寄せの法則」にしましたが、お金というよりは、人生のいろんな分野で、豊かさを引き寄せるという内容ですよね。子どもの頃から、アメリカでは犯罪との闘いがずっと続いてきました。それなのに、今のほうが、わたしが子どもの頃よりも、犯罪が増えています。最近読んだのですが、アメリカの刑務所人口は、他の「自由」と言われている国々の中でも、最も多いそうです。

病気との闘いも続いていますが、以前にも増して、病院も病人も増えています。かつてないほどに、身体の痛みに悩まされている人がいます。

世界平和を求めて戦争に反対してきて、ベルリンの壁が崩壊して、「ようやく平和がやってきた。素晴らしい」と人々が興奮したのも、つい最近のことのように思えます。でも、すぐにまた別の一連の戦争が始まり、今ではこの国の周りにも、壁がたくさん築かれています。

また、子どもや大人に対する虐待も懸念されてきましたが、児童虐待に反対すればするほど、もっと児童虐待のニュースを聞くようになります。「望まないことをやめさせるため」に頑張っても、何一つうまくいかないように見えます。ですが、この国は豊かさの分野においては、ポジティブなほうへ向かっているようです。お金と食料においては、余った豊かさを世界に譲ってあげられるほどですし、わたしの若い頃と比べて、この国の人々は、より多くのものを手に入れられるようになっていると思います。なので、大きなポジティブな変化もありました。

ですが、経済的な豊かさを得たいと考えているたくさんの人たちが、お金と引き換えに、多くの自由を失っているように思います。自由な時間がたくさんある人は、あまりお金を持っていないため、楽しく過ごせません。そしてお金を持っていても、楽しむ時間がない人たちもいます。自由な時間を楽しめるうえに、豊かにお金が流れ込んでいるような人は、めったにいません。エイブラハム、これに関するあなたの視点をお聞かせください。

エイブラハム　時間だろうと、お金だろうと、それが足りないということにフォーカスしていると、「望むものがない状態」に焦点を当てているわけですから、本当に望んでいることを邪魔することになります。時間やお金が足りないから、ネガティブな感情を感じたのかもしれません。ネガティブな感情を抱くのは、その人が抵抗している状態です。そのため、本当に望んでいることを遠ざけているのです。

やる必要があることや、やりたいことを全部するには時間が足りないと思うと、あなたが考える以上に、その不足に向けた注意は、ネガティブな影響を与えます。いっぱいいっぱいだという気持ちは、助けとなるアイデアや出会い、状況などのあらゆる役立つ協力を自分自身で断っているという指標です。時間が足りないと感じて、過密なスケジュールにフォーカスして、圧倒される気持ちになる、というのは悪いサイクルです。そのすべてが、改善を不可能にさせる波動を放っているからです。

あなたは、違う物語を語りはじめないといけません。やらなければいけないことがいっぱいある、と言い続けていたら、助けを阻むことになります。協力的な宇宙がすぐそこで待っています。あなたの想像以上に、多くの方法で助けようと待ちかまえているのです。でも、「やることが多すぎる」などとあなたが文句を言い続けることで、せっかくのサポートを阻んでしまうのです。

お金が足りないと感じていると、お金の不足に注意を向けることになるので、豊かさをもっと運んできてくれるはずの手段も封じてしまいます。

「望むものとは逆の方向を見ながら、望みを手にすることはできない」のです。違う物語を語りはじめましょう。豊かさが実現する前に、豊かな気持ちになる方法を見つけてください。

時間やお金を使うことについて、もっと自由に感じはじめたら、たくさんの扉が開いて、助けてくれる人が現れたり、生産的で新鮮なアイデアが湧いたり、役立つ出来事や状況もやってくるでしょう。自分の感じ方が変われば、「この世界を創造するエネルギー」にアクセスできるようになります。そのエネルギーは、あなたがすぐに利用できるよう、いつでもそこにあるのです。

お金やガンに関してのネガティブな感情

ジェリー では、お金に対してネガティブな感情があるから、お金を引き寄せられないことと、「ガンになりたくない」と言いながら、ガンになるのとでは、どんな違いがあるのでしょうか？

エイブラハム　こういう仕組みです。自分が考えていることのエッセンス（要素）を引き寄せるので、健康が不足している状態（病気）について考えていれば、健康ではない状態を引き寄せます。お金が足りないことについて考えていたら、お金の不足を引き寄せます。そのテーマのポジティブな側面、あるいはネガティブな側面、どちらを引き寄せているかは、あなたがそれを考えているときの感情でわかります。

宇宙にはNO（ノー）という言葉は、聞こえません。「NO、病気は欲しくない」と言っているときに、あなたの注意は病気というテーマに向いているので、「YES（イエス）、望まない病気よ、わたしのほうに来て」と言っているのです。

何であれ、注意を向ければ、その注意を向けたことのエッセンス（要素）を招き入れることになるのです。「お金が欲しいのに、やってこない」と言っているときは、お金の不足に注意が向いているので、お金がないという望まない状況に「来て」と言っているのと同じことなのです。

お金がやってくるような考え方をしていれば、いつだっていい気分になります。お金を遠ざけるような考え方をしているときは、いつだって嫌な気分になります。そのようにして、違いがわかります。

「健康の不足についてフォーカスすると、ガンになる可能性があるのに、お金の不足についてフォーカスすると、お金を引き寄せられないのはなぜ？」と聞いているわけですよね。あなたが望んでいるお金を引き寄せるのは、あなたが望んでいる健康を引き寄せることと同じです。望んでいないガンを引き寄せるのは、望んでいないお金のない状態を引き寄せるのと同じです。

どんなことを考えるにしても、どんな言葉を話すとしても、それがあなたから「ポジティブな感情を呼び起こすこと」を意図してください。そうすれば、望むことを引き寄せるモード（状態）になります。逆に、ネガティブな感情があるときは、望まないことを引き寄せているモードになっています。

お金に苦労しない人の話

（次の例は、エイブラハム・ヒックス　ワークショップの参加者による質問からです）

質問者　わたしの友人は、前の夫を10年ほど経済的に支えました。彼の面倒を見るために彼女は一生懸命に働いて、二人を養うために苦労しました。彼のほうは稼ごうという気がなく、彼女はそれが嫌になってしまい、別れました。彼はお金が大切だという様子はまったくなかったのに、１００万ドル（1億３０００万円）以上の遺産を最近相続したのです。そして、彼は、あれだけ長年支えてきた元妻（わたしの友人）に、その遺産を分けようとはしませんでした。

彼女のほうがお金を大事に思って、一生懸命働いたのに、ちょっとのお金しか得られず、逆に、ほとんど働かずにお金のことを気にしていないような人が、１００万ドルの遺産を受け取るなんて、不公平だと思うんです。いったい、どうしてですか？

エイブラハム　（この章の残りはすべてエイブラハムの言葉）

「引き寄せの法則」を理解しているわたしたちから見たら、今の話は完全に理にかなっています。その女性は一生懸命働いて、腹立たしさを感じ、不足にフォーカスしていたので、宇宙がその感情にぴったりなものと正確に引き合わせたのです。その夫は気楽に過ごして、罪悪感を抱こうとせず、望むものは苦労せずともやってくると期待していたので、宇宙はそうした感情にぴったり合ったものを正確に引き合わせたのです。

多くの人が、一生懸命に働いて、苦労して、犠牲を払って、苦しまないと、報われないと信じています。ですが、それは「宇宙の法則」と矛盾します。不幸な旅路を歩んでいても、ハッピーエンドには、たどり着けません。それは法則に反するのです。

この話に、「引き寄せの法則」に反することは何一つありません。あなたはこの二人を知っていたからこそ、二人のお金に対する姿勢と、その結果を見ることができました。一方は、社会が教えたように一生懸命働いて、苦労しても望むことを得られず、もう一方は、苦労することを拒否し、気楽な気持ちでいることで、もっと楽な形で富を受け取りました。

「宇宙の法則的には合っているかもしれないけど、それは間違っているのでは?」と多くの人は言うかもしれません。ですが、あなたがこのパワフルな法則と一致することができたら、その絶対的な公正さが理解できるようになるでしょう。

あなたが何を発するかは、自分でコントロールできます。ですから、「宇宙はあなたが放つ波動と同じものを返してくれる」なんて、こんなにフェアなことはないと思いませんか？

パワフルな「引き寄せの法則」は、平等にみなさんの波動に応えています。それは、とってもフェアなことだと思いませんか？

あなたが自分の思考をコントロールできるようになれば、不公平だという感覚はなくなって、本来あなたが生まれながらにしてもっていた、生きる喜びや創造の意欲が湧いてくるでしょう。この宇宙で起きていることはすべて、「宇宙の法則」がどう働くのかを教えてくれる実例だと思ってください。

お金を手に入れるためには、一生懸命働かなければならないと信じていたら、一生懸命働かないと、お金は入ってきません。そうした物理的な行動がもたらしてくれるお金は、調和した思考がもたらしてくれるものに比べたら、たかが知れています。ものすごく頑張っているのに、ちょっとしか得られていない人たちがいる一方で、大して苦労もせず、多くの報酬を得ている人たちがいることを見ると、もちろんあなたは全然釣り合っていないと思うでしょう。その人たちの行動だけを見ると、格差が存在していますが、それぞれの中でエネルギーが調和しているかどうかを見ると、格差も不公平もないのです。

経済面だけでなく、他の分野での成功にも、大変な努力やつらい行動は必要ではありませんが、思考の調和は必要です。望みに関するネガティブな思考をもちながら、行動や努力でその埋め合わせをすることはできないのです。あなた自身の思考を方向づけられるようになると、エネルギーが調和することの真のレバレッジ（てこの原理）がわかるでしょう。

ほとんどの人は、経済的な豊かさがどれだけ近くにきていても、それを純粋に望むことができていません。なぜなら、豊かさがやってくるかもしれないと思いつつも、もしこなかったら、すごくがっかりしそうだと考えてしまうからです。そうした不足の思考をもっていると、お金に関して素晴らしいことを望んだり、期待したりすることができなくなるのです。「多くの人が、金銭的にごく平凡な経験しかできない原因」は、そこにあります。

「お金がすべてではない」と考えるのは、正しいことです。楽しい経験をするために、お金が必要というわけではありません。でも、みなさんの社会では、人生のさまざまな場面でお金が絡んでくるので、お金から自由を連想してしまうのです。自由があなたの存在の根幹にあるので、お金と調和することで、安定した基礎が得られるようになります。そうすれば、それは人生のあらゆる側面で役に立つでしょう。

お金を使うのは、心地よいこと?

ある女性が、お金を使うときに心地の悪い感覚になると言いましたが、これはお金に対してよくありがちな見方です。彼女は何年もかけて貯金をしてきたけれど、お金を使うと考えただけでも「凍りつく」感じでゾッとして、「その先に進むのが怖くなる」と言うのです。

わたしたちは、こう説明しました。行動したからお金が入ってくると信じていると、ずっと行動できるわけではないので、お金を貯めて、なくならないように控えめに使おうとするのは理解できます。しかし、その不足の感覚のせいで、人生にお金がなかなか流れ込まないのです。

お金を使うことに心地の悪さを感じたら、その感情があるうちは、お金を使うことは絶対にお勧めしません。なぜなら、ネガティブな感情があるのに何かの行動をとることは、決してよいアイデアではないからです。「お金を使うという行動」が、心地悪いのではありません。「お金に対するその瞬間の思考が、自分の望みの波動と一致していない」ことを、その心地悪さが、指標となって教えてくれているのです。

足りないという不足の観念は、広い視点のあなたの知識と、決して調和することはありません。なぜなら不足というものは、存在しないからです。望むことの不足に注意を向けると、必ずネガティブな感情が生まれます。あなたのガイダンスが、豊かさとウェルビーイング（健康と幸せ）という広い視点がもつ基本的な理解からあなたが離れてしまったことを、教えてくれているからです。

嫌な気分を和らげ、それを徐々に希望に、そしてポジティブな期待へと変えていく方法を見つけましょう。安定していい気分を保てるようになってくれば、「凍りつく」ようなゾッとする感覚は、自信や熱意に変わってくるでしょう。お金が足りないということにフォーカスしていようが、自分があと何年生きられるかを（毎日、人生の終わりに近づいていると）考えていようが、衰退しているという感覚は、あなたの本質は永遠の存在だと知っている広い視点とも矛盾するのです。

空気をめいっぱい吸って、丸1日、1週間、あるいは1年もつくらい肺に空気を溜め込むという挑戦が不可能なことは、誰でも理解できるはずです。そうではなく、楽に吸って吐いてという感じで呼吸をしていますよね。呼吸するように、欲しいとき、必要なときにその分だけ受け取る。永遠の豊かさを当然のように期待できるようになれば、あなたの人生に、お金も同じくらい楽に入って出ていきます。

あなたが望むだけのお金が、受け取れるように用意されています。「**あなたの人生に、そのお金を受け入れる」だけでいいのです**。そして、お金が流れ込んできたら、そっと出してあげてください。空気を呼吸するように、必ずもっと流れ込んできますから。出ていったらもうこれっきりだと思って、お金を必死に守ろうとしなくていいのです（息を止める必要がないのと同じです）。もっと流れ込んできますから。

自分たちが経験したり、見たり、聞いたりした「現実」に注目しながら、お金の不足や限りがあることを語り、異議を唱える人たちがいます。もちろん、さまざまな望みを経験できていない人たちの例はいくらでもあります。ですが、そうした不足の経験というのは、豊かさがないからではなく、その人たちが、「受け取っていない」からだということを理解してください。

不足の物語を語り続けると、豊かになりたいという願望に、反対し続けてしまうことになります。不足の物語と豊かさは、両立できません。望まないことにフォーカスしながら、望むことを受け取ることはできません。お金に関して嫌な気分になるような物語にフォーカスして、心地よい気持ちになる経験を引き寄せることはできません。違う結果を望むなら、違う物語を語りはじめなくてはいけません。

こんなふうに始めるといいでしょう。「いい気分になりたい。豊かさと拡大を感じたい。わたしの思考は自分がいいと思っていることすべてを引き寄せる土台だ。お金も、喜びも、心地よさも、健康も、そして刺激や気分を上げてくれるような素晴らしい人たちも……」。

望む物語を語るようにして、その望みに合ったポジティブな側面を見つけて、詳細をあとから付け足していくとよいでしょう。それから、「もしも、こうなったら面白いな……」という感じで、心地よいことを想像しながら、ポジティブな期待をしていきましょう。

例えば、「いいことだけが、やってくる。今はすべての答えがわかるわけでもないし、すべてのステップやわたしのために開くすべての扉がわかるわけではないけれど、時間と空間を進む中で、その道がはっきりとしてくるはず。進みながらわかってくるから大丈夫」。

より気持ちが楽になる物語を語っていると、気分もよくなり、人生がいろいろとよくなってくるでしょう。よくなればなるほど、ますますよくなっていくのです。

「引き寄せポイント」を変えるには？

ずっと長い間、望まない物語を語り、お金の不足に長年フォーカスしてきた場合、それを挽回するのは無理だ、と心配する人が時々いますが、その必要はありません。

過去のネガティブな思考をさかのぼって、それをなかったことにすることはできません。また、それが可能だったとしても、そんなことをする必要はありません。なぜなら、あなたのすべての力は、今にあるからです。今すぐ、気持ちが和らぐ思考を見つけることができたら、あなたの引き寄せポイントも、今！　変わるのです。

「過去のネガティブな思考が、今の人生に影響している」と思えるのは、そのネガティブな観念や思考のパターンを何年ももち続けているからです。観念は、あなたが考え続けていることです。観念は慢性化した思考のパターンに過ぎません。ちょっとでも、新しいパターンを始めて、新しい物語を語り、波動を変えたら、引き寄せポイントを変えることができます。あなたにはその力があります。

100ドルを持ち歩いて、1日でどれだけ多くのものが買えるのかを見てみる。そんなシンプルなことで、あなたの経済面での引き寄せポイントは、大きく変わるでしょう。たった一つのシンプルなプロセスが、あなたの波動のバランスを変え、お金の引き寄せが目に見える形で起きてきます。頭の中で、そのお金を使って、ライフスタイルがよくなっていくのを想像してください。たくさんのお金が使えるのが、どんな感じなのか想像して、意図的にその自由な気分を思い浮かべてみてください。

「引き寄せの法則」は、今あなたが生きている現実ではなく、あなたの波動に反応しているのです。ですから、今生きている現実を中心にあなたの波動を放ってしまうと、何も変わりません。望むライフスタイルをビジュアライズする（思い描く）ことで、あなたの引き寄せポイントを簡単に変えることができます。そのイメージに意識を向け続けると気分が和らいできます。それが、本当に波動が転換したことを教えてくれます。

自分の基準は、自分で決める

お金が足りないという意識があると、見るものすべてを欲しいと思えることもあります。コントロールできない渇望が湧き起こってくるような感じです。お金がなくて買えないと苦しくなるし、かといってお金がないのに買ってしまったとしても、借金で身動きがとれなくなるだけで、さらに一層苦しめられることになります。

実は、その状況でお金を使いたいと感じるその渇望は、誤ったシグナルです。というのも、その欲しくてたまらないという気持ちは、本当にそれを手に入れたいという願いからきているものではないからです。さらにもう一つ何かを買って家に持ち帰ったとしても、その渇望は満たされないでしょう。なぜなら、本当のあなたと波動を調和させることでしか、その虚しさは埋められないからです。

本当のあなたは、完全な安心の中にいるはずなのに、今のあなたは不安を感じています。本当のあなたは十分なのに、今のあなたは十分ではないと感じています。本当のあなたは豊かなのに、今のあなたは不足を感じています。

何かを買える力ではなく、波動のシフトを渇望しているのです。あなたの内側との調和が安定してくると（もし、そう望んでいるのならば）、あなたの人生経験にたくさんのお金が流れ込んできます。そして、欲しいものに大金を使ったとしても、そのときは違う感覚を抱くでしょう。必要に迫られたり、空虚感を埋めるために買おうと思ったりしなくなります。代わりに満足感をもたらす興味を感じて、楽に自分の人生経験に招き入れるようになります。アイデアがやってきたときから、それが完全に現実化するまで、すべてのプロセスが、あなたに満足感と喜びをもたらしてくれるでしょう。

どれだけのお金を持つべきか、お金をどう使うべきか、あなたしか正確にわからないので、他の人にその基準を決めさせないようにしてください。本当の自分と調和してください。そして、人生を生きていく中で明確になった望むものを、あなたの経験に招き入れてください。

「備えのための貯金」ってよいこと？

ある男性が、こんなことを言っていました。彼の先生が、「備えのためにお金を蓄えるのは、災難を計画しているのと同じことだ」と言ったそうです。そして、安心するための行動は、実際にはもっと大きな不安につながり、災難を引き寄せると。この考え方が、「引き寄せの法則」的にはどうなのかと彼は知りたがっていました。

わたしたちは、彼にこう伝えました。その先生が指摘したように、「何かに注意を向けると、もっとその要素が引き寄せられる」というのは、正しいです。将来、起こる可能性がある何か悪いことにフォーカスし、望まないことを考えて嫌な気分になったら、それはまさに、その望まないことの引き寄せが始まっていますよ、というサインなのです。ですが、将来のお金の不安など、起きてほしくないことをごく短時間で考えることで、望む経済的な安定について考えるきっかけになることももちろんあります。その望む安心にフォーカスすれば、その安心を強化してくれるような行動につながるインスピレーションを受け取ることになる、というのは十分にあり得ます。

貯金することや資産への投資という行動自体には、ポジティブもネガティブもないのですが、不安な立場からは安心感を受け取れないという点で、その先生が言っていることは正しいのです。マインドの力を使って、あなたの望むいい気分の安心感にフォーカスしてください。そのいい気分から得たインスピレーションをベースにして、ポジティブな行動をとってください。いい気分になるものは、すべてあなたが望んでいるものと調和しています。嫌な気分になるものは、あなたの望みと調和していません。実にシンプルなことです。

お金は物質主義でスピリチュアルではないから、一切欲しがってはいけないと言う人もいます。ですが、あなたがいるのはスピリットが物質化した、まさに物質世界であるということを思い出してほしいのです。あなたはまさに物質的な身体をもって、他ならぬ物質的な（スピリットと物質的なもの、または形のあるものが混ざり合った）惑星にいるのです。スピリチュアルな側面の自分と肉体の自分を切り離すことはできないのです。肉体をもって、ここにやってきたわけですから、肉体や物質的なもの、物理的なものとも切り離せないのです。あなたの周りにある物質的な素晴らしいものすべてが、本質的にはスピリチュアルなものなのです。

豊かさ、お金、金銭的な幸せについて、新しい物語を語る

「引き寄せの法則」は、あなたが現在生きている現実や、続いている現実に反応するのではなく、「あなたが発する思考の波動パターン」に反応します。ですので、お金に関して、実際の今の生活の視点からではなく、本当のあなたの視点から、つまり望む視点から語りはじめれば、あなたの思考のパターンが変わります。すると、あなたの引き寄せポイントもシフトします。

あなたが今の状況の物語を語り続けない限り、今の状況はこれからやってくるものに何の影響もありません。あなたの人生がどうなってほしいのかを考えてどうなってほしいのかを話せば、あなたの今の生活は、さらにもっとよくなるためのジャンプ台、つまり出発点（とっかかり）となるのです。しかし、あなたが今の状況を語り続けるなら、ジャンプしても同じところに着地してしまいます。

というわけで、次の質問について考えて、自然に答えてみてください。それから、お金について新しい物語がどんな感じになるのか、いくつか例を読んでもらいます。

そして、お金について、新しく改善したあなた自身の物語を語りはじめてください。するると、あなたの新しい物語に合わせて、どれだけ素早く、確実に状況や出来事が動きはじめるのかが見えてくるでしょう。


あなたは現在、欲しいだけのお金を持っていますか？

宇宙は豊かですか？

あなたにはたくさんのお金を手にする選択肢がありますか？

あなたがこの人生で受け取るお金の量は、生まれる前に決まっているでしょうか？

あなたは、今の思考のパワーを使って、流れてくるお金の量を動かしはじめているでしょうか？

あなたには、経済的な状況を変える能力があるでしょうか？

あなたは、経済的な条件をコントロールできていますか？

あなたは、もっとお金が欲しいですか？

この本を読んで、この知識を得たうえで、経済的な豊かさは保証されていると思いますか？

「古い」お金に関する物語を語る

「欲しくても買えないものがたくさんあるんだよな。前より稼いでいるはずなのに、ずっとお金の余裕がないままだ。お金に余裕をもつことなんてできないんじゃないか。そもそも、人生でお金の心配をしなかったことなんて、あったっけ？　両親はすごく頑張って働いていた。お母さんがいつもお金の心配をしていたのを思い出す。お金の心配は、親ゆずりなのかもしれない。そんなの受け継ぎたくなかったんだけど。世間には、お金の心配なんて必要ないお金持ちもいるらしい。だけど、わたしの周りにはそんな人いないよ。わたしの知り合いには、苦労している人や、この先どうなっちゃうのかと、心配している人しかいないんだから」

この物語は、現在の望まない状況を見るところから始まりましたよね。次に、その状況にいることを正当化しました。それから、過去に目を向けたことで、今抱えている問題が、もっと強調されました。そうすることで、憤りがさらに強まりました。それから、不足という視点で世間を見ていきましたね。ネガティブな物語を語りはじめると、引き寄せの法則によって、現在から過去、未来にまでも、その考えが広がってしまいます。その不足という波動パターンは、変わらず残るわけです。批判的な態度で不足にフォーカスしていると、さらなる批判的な思考にしかアクセスできなくなる引き寄せポイントをつくってしまいます。そうなると、現在、過去、未来のどこにフォーカスしても、批判的な思考になります。批判的な思考を引き寄せてしまうような波動が確立されるからです。

あなたが意識的に新しい物語を語るようにすれば、それが変わります。新しい物語を語ることで、新しい思考パターンができます。その思考パターンがもたらす新しい引き寄せポイントが、現在、過去、未来に広がっていくことになります。今いるところからポジティブな側面を見つけるというシンプルなことで、波動のトーンが新しくなります。そうなると、今の気分が変わるだけでなく、あなたを喜ばせるような思考、人々、環境や物がすぐに引き寄せられはじめるでしょう。

「新しい」お金に関する物語を語る

「お金は、空気と同じくらい手に入りやすいものだ、というアイデアは好きだな。

もっとたくさんお金を吸ったり吐いたりできたらいいな。お金がいっぱい流れてくるのを想像すると楽しい。お金について感じていることが、やってくるお金に影響しているのがわかる。お金についての考え方は、練習すればコントロールできるのだと理解できてうれしい。お金以外のことだって、そうだ。豊かな物語を語れば語るほど、気分よく感じることができるんだ。

自分の人生の創造者はわたしであり、わたしの経験に流れてくるお金は自分の思考に直接関係していることを知っているのがうれしい。自分の思考を調整することで、わたしが受け取るお金の量を調整できるのだとわかっていることがうれしい。

今や、創造の仕組みが理解できた。わたしは、考えることの本質を受け取る。そして、お金にフォーカスしているのか、お金がないことにフォーカスしているのかは、わたしの気持ちでわかるのだ。これが最も大切なことだ。だから、やがて自分の思考が豊かさに調和して、わたしの経験の中にお金が力強く流れてくるのだという自信を感じている。

周りの人たちは、お金、財産、消費、貯蓄、慈善、お金を与えること、お金を受け取ること、お金を稼ぐことなどについて、たくさん違う見方をしている。だけど、彼らの意見や経験を理解する必要はない。それらをすべて整理しなくてもいいのだとわかるとホッとする。わたしはただ、お金についての自分の願望と、お金についての自分の思考を調和させるだけでいいのだ。それは最高だ。そして、気分がいいときはいつも、うまく調和できているということだ。

お金についてたまにネガティブな気持ちを感じても、大丈夫なのだというのもいいな。だけど、いい気分になる方向に素早く思考を向けようと思う。だって、気分がよくなるような思考をすれば、ポジティブな結果がやってくるから。

考えていることを変えたからといって、必ずしもすぐにお金が入ってこないことは、わかっている。けれど、意図的により気分がいい思考をするようにすれば、確かによりよい結果になっていくはず。お金と調和できたことを示す最初の証拠は、気分がよくなること、ムードが明るくなること、心のもち方が改善されることだ。それから、まもなく現実の変化として経済的な状況が変化するはず。そう、わたしは確信している。

『お金について考えていること、感じていること』と、『実際に人生で起こること』には、間違いなくつながりがあることに、わたしは気づいている。引き寄せの法則が、正確に、確実に、わたしの思考に反応しているという証拠が見てとれる。よりよくなった思考に反応する証拠をさらに見られるのが楽しみだ。

もっと意図的に思考すれば、エネルギーの強力なレバレッジ（てこの原理）を使えると感じられる。心の奥底では、このことはいつもわかっていたのだと思う。わたしには力があり、重要性や、価値があるという自分の核にある観念に再び戻ることができるのは気分がいい。

わたしはとても豊かな人生を生きている。この人生がどんな願いを自分の中に生み出そうとも、それを達成することができるのだとわかって、すごく気分がいい。わたしには限界がないのだと知っていることは、最高だ。

お金や物を手に入れるまで、気分よく感じるのを待つ必要はないとわかって、すごくホッとした。わたしが気分よく感じていれば、欲しいものも体験もお金も必ずやってくる。

お金は、空気と同じくらい簡単に、出ていっては入ってくる。わたしが願えばお金は引き寄せられてくる。わたしがリラックスしていると、お金も楽に流れ込んで、楽に出ていく。入っては、出ていく。入っては、出ていく。流れ続ける。いつも簡単に。

何を願っても、どれだけ願っても、いつでもわたしが願った分だけ呼吸するように入って、出ていく」

よりよい物語を語るのに、正解も不正解もありません。過去のことでもいいし、現在、または未来の体験について語ってもいいのです。大切な基準は、よりよい気分になること、よりよいバージョンのあなたの物語を語ろうとすることだけです。1日を通して気分のよい短い物語をたくさん語ることで、あなたの引き寄せポイントが変わります。あなたが語る物語があなたの人生の土台になることを覚えておいてください。

ですから、そうなってほしい物語を語りましょう。

Part 3

身体のウェルビーイング（健康と幸せ）を保つ

自分の人生経験を創るのは、自分の思考

「成功」とは、お金や不動産など何かを所有することだと多くの人は考えがちです。ですが、**わたしたちは、「喜びに満ちた状態こそが、最高の成功だ」と考えています**。お金を得ることや、素晴らしい持ち物は、あなたの喜びの状態をさらに高めてくれるかもしれませんが、心地よい身体を手に入れることこそが、ウェルビーイングや喜びの状態を保ち続けるための最大の要素です。

あなたは物質的な身体の視点を通して、人生のすべてを経験しています。そして、**いい気分でいると、見える世界のすべてが、よりよいものに見えてきます**。**身体のどこかが弱っているときでも、ポジティブな態度を保つことは可能です**。ですが、身体が心地よい状態であることは、ポジティブな考え方を継続するうえで、とてもパワフルな土台となります。自分の気分が、物事への思考や考え方に影響して、その思考や考え方が、引き寄せのポイントになります。そして、その引き寄せのポイントが、今後のあなたの人生の展開を決めるのです。というわけで、心地よい身体を実現することよりも、大きな価値があるものは、ほとんどないということになります。

特筆に値するのが、心地よい身体がポジティブな思考につながるだけでなく、逆もまたそうだ、ということです。つまり、ホッとする気持ちを見つけるのに、完璧な健康状態である必要はないのです。安堵の気持ちを見つけることができれば、いずれは素晴らしい気分や心の状態につながっていきます。身体に痛みがあったり、病気だったりしたとしても、安らかな気持ちを見つけることができれば、身体の状態はよくなっていきます。なぜなら、あなたの思考が、あなたの現実を創造するのですから。

文句を言うことに対して文句を言うのも、文句を言っているのと同じ

若くて健康なら楽観的でいるのは簡単だけれど、歳をとっていたり、病気だったりすると、楽観的でいるのはとても難しいと、多くの人が不満を言います。ですが、年齢や健康を損なっている現状を理由に、自分を制限してしまうことは決してお勧めしません。それは健康状態がよくなったり、回復したりするのを邪魔してしまうような考え方です。

ほとんどの人は、自分の思考の力にまったく気づいていません。何かに対して文句や不満を言い続けていると、自分自身の身体の健康を阻んでしまうことをわかっていないのです。身体に痛みがあることや持病に不満をもつより前に、そもそも他のたくさんのことに文句を言っていたことに気がついていない人が多いのです。不満を向ける先がどこであれ、不満は不満なのです。怒りを感じる誰かに向けても、自分をだました人や、間違っていると自分が思う他人のふるまいに向けても、自分の身体のどこか具合が悪いところに向けても、身体の回復を邪魔してしまいます。

ですから、気分がよくて心地いい状態を維持する方法を見つけたい場合も、身体のどこかの調子が悪くて治したいと思っている場合も、プロセスは同じです。いい気分になるように思考を導くこと。そうすると、波動がソース（源）と調和することでしか得られない力が見つかります。

この本を読み進めるにつれて、生まれるずっと前から知っていたことが、思い出されてくるでしょう。そして、力が湧いてくる感覚を与えてくれる法則、プロセスが腑に落ちるはずです。そうなると、健康で心地いい身体を手に入れ、保つためにあと必要なのは、もう少し意図的に思考と気分に注意を向けて、「心地よく感じたいと心の底から願うこと」だけです。

自分の身体で、気分よくいられる

身体が心地よくなかったり、望む外見でなかったりする場合、その影響は人生の他のことすべてにまで及んでしまいがちです。だからこそ、身体のバランスを整えて、心地よい健康な身体になることの大切さを伝えたいのです。あなたがたの身体ほど、思考に素早く反応するものは、他にはありません。ですから、身体は調和した思考にすぐさま反応して、明らかな結果をもたらしてくれます。

みなさんの身体の健康というのは、実は最も簡単にコントロールできるものです。なぜなら、それをコントロールするのは、他でもないあなただからです。ですが、この世界のすべてを身体の感覚を通して解釈しているので、身体のバランスが崩れると、人生の他のものにまでネガティブな影響を与えてしまう可能性もあります。

病気や心地の悪いときほど、はっきりと健康になりたいと思ったり、心地よさを求めることはないでしょう。ですから、病気になることは、健康になりたいという願いを打ち上げるための力強い発射台だとも言えます。そこで、もし病気になったことで健康になりたいと望んでいるなら、健康になるという考えに真っすぐに意識を向ければ、たちまち健康になることができるでしょう。でも、ほとんどの人は、今のその心地の悪さに気をとられてしまいます。いったん病気になると、やはり今の感覚に気が向いてしまうものですが、そうすると病気が長引きます。ですが、病気になったのは、健康でないことへ注意を向けたことが原因ではありません。願っていることの多くが叶っていないことに注意を向けていたことが、その原因だったのです。

望まないことにずっと注意を向けていると、健康を阻んでしまいますし、他のことについての解決策もやってこなくなります。**「どれだけ不健康であるか」を気にする代わりに、健康という考えに意識を向けることができたら、回復が早くなるだけでなく、健康とバランスを保つことも簡単になります。**

言葉ではなく、体験でしか学べない

たとえ完璧な言葉で真実を正確に伝えたとしても、言葉だけでは理解することができません。ですが、言葉による丁寧な解説と、引き寄せの法則に基づいた体験が組み合わさったときに、理解が進みます。あなたがこの本を読み、生きていくうえで、いろんな出来事が起こる仕組みを完全に理解して、あなた自身の人生のすべて、特にあなたの身体に関することを完璧にコントロールできるようになってもらいたいと思っています。

もしかすると、あなたの身体は、まさに望み通りの状態であるかもしれません。もしそうなら、そのままのフォーカスの仕方を続けて、素晴らしいことに感謝していれば、今の状態を維持することができるでしょう。ですが、もし見た目や体力、健康面などで変えたいところがあるのなら、身体についての物語だけでなく、すべてのテーマにおいて違う物語を語りはじめることは、大きな価値があります。ポジティブにフォーカスしはじめると、すごくたくさんのことに対して気分がとてもよくなります。それによって、自分の内側で情熱があふれてくることが多くなるでしょう。そして、世界を創造する宇宙のパワーが、あなたの内側に流れ込んでくるのを感じはじめるはずです。

あなたの人生経験を創造するのは、他の誰でもなく、あなただけです。すべては、あなたの思考のパワーによってやってくるのです。

情熱を感じるほど十分長くフォーカスすると、パワーをより活用できるようになり、もっと大きな成果につながります。それほどワクワクしない思考も、もちろん重要で、創造の可能性を秘めていますが、たいていはすでに創造されたものを維持するだけです。そして、多くの人たちは、そんなにパワフルでもなく、強い感情も伴わない思考をただ単にもち続けて、望まない身体を保ち続けているのです。つまり、ただただ同じ物語を語り続けて、不公平だと考えたり、望まないことに反対したりしながら、望まない状況をキープしているということです。

「**意識を向けたすべてのことに、よりいい気分になる物語を語る**」というシンプルなことが、あなたの身体に大きな影響を与えます。ですが、言葉ではそれをわかってもらえないでしょうから、違う物語を語ってみてください。そして、あなた自身に起こることを見てほしいのです。

引き寄せの法則が、わたしのあらゆる思考を拡大する

似たものが引き寄せられる、というのが引き寄せの法則です。つまり、どの瞬間でも、あなたが考えていることに似た、他の思考を引き寄せることになります。だからこそ、あることについて心地よくないことを考えていると、そのことに関するもっと心地の悪い思考が、たちまち引き寄せられてくるわけです。この瞬間に体験していることだけでなく、引き寄せの法則によって、その波動にマッチした過去のデータからもネガティブな思考が加えられて、ネガティブな感情が大きくなることに、すぐに気がつくでしょう。

さらにあなたは、他の人たちと一緒に、心地の悪いことについておしゃべりしている自分に気がつくはずです。そうすると、彼らもそこに加わって、彼らの過去にまで話が及ぶことになったりします。あることについて、とても長く考えると、そのエッセンスを引き寄せることになるのだ、ということが間もなくわかることになるでしょう。

「**望まないことを知ることで、望むことが明確になる**」のは、自然なことです。それから、解決策を探す前に、問題を特定することも、間違ってはいません。でも、時間が経つにつれて、多くの人は解決志向ではなく、むしろ問題志向になっていきます。そして、それについて調べたり、説明したりすることで、問題を長引かせてしまうのです。

もう一度言いますが、違う物語を語ることには、大きな価値があります。問題志向の物語ではなく、解決志向の物語を語りましょう。心地よいときにウェルビーイングの物語を語りはじめることに比べると、病気になってからもっとポジティブにフォーカスしようとしはじめることのほうが、よっぽど難しいです。ですが、どんな場合も、新しい物語を語れば、やがては違う結果が手に入ります。それ自身に似たものが引き寄せられてきます。ですから、自分が生きたい物語を語りましょう。そうすれば、ゆくゆくは、あなたはその物語を生きることになります。

今すでに病気だと、病気に関心が向いているので、病気が長引いて回復できない、と心配する人もいます。その気持ちはわかります。もし、あなたが今起きていることにしかフォーカスできないのなら、おっしゃる通りでしょう。ですが、今ここで起きていること以外について考えることは、可能なのです。ですから、状況を変えることはできます。でも、今の問題にフォーカスしているだけでは、変えることはできません。何か違うものを手にしたいのであれば、「あなたの望むポジティブな結果」にフォーカスしなければなりません。

引き寄せの法則は、「今の現実ではなく、あなたの思考」に反応しています。あなたが自分の思考を変えたとき、現実はあとに続かざるを得ないのです。もし、現在とてもうまくいっていて、今起きていることにフォーカスすれば、ウェルビーイングが続いていくでしょう。ですが、もし現在、心地よくないことが起きているなら、望まないことから気をそらす方法を見つけなければなりません。

あなたは、自分自身や身体についても、他の大切なことについても、今起きていること以外のものにフォーカスする力をもっています。あなたは、これからのことを心に描くことも、以前に起きたことを思い出すこともできます。考えたり、話すとよい気分になるものを見つける目的でイメージしたり、思い出したりすれば、自分の思考のパターンを素早く変えられるでしょう。そうすれば、波動も変わり、あなたの人生で体験することが変わります。

ウェルビーイング、心身の健康に向かう15分

つま先がズキズキと痛むとき、健康な足をイメージするのは簡単なことではありませんが、痛みを感じているつま先から気をそらすことには、とても価値があります。そうは言っても、苦痛が激しいときに、健康な状態を思い描こうとしても、難しいでしょう。健康な状態を思い描くのに最もよい時間は、自分が普段から最も心地よく感じているときです。ですから、例えば、1日が始まったばかりの時間帯に痛みがない人は、その時間を選んで新しい物語を視覚化すればいいのです。もし、ゆっくりと温かいお湯に浸かったあとに、一番調子がいいのであれば、その時間を選んで、視覚化してください。

目を閉じて、できる限り今の現実から意識を引き離せる時間を、だいたい15分くらい確保してください。邪魔されない静かな場所を見つけて、身体の調子がいい状態の自分をイメージしてみてください。元気よく歩いて、深く息をしておいしい空気を味わっているところを想像してください。緩やかな斜面をきびきびと登りながら、体力のある自分の身体に、笑顔で感謝している様子を思い浮かべてみます。身体のスト

レッチをしながら身体の柔軟性を楽しむあなたが、そこにいます。

自分の身体を楽しみ、力強さと体力、柔軟性、美しさを味わうというだけのために、気持ちのよいシナリオを考える時間をとってみてください。何か不調なものを改善するためではなく、思い描くこと自体を楽しんでいるとき、あなたの思考はより純粋になって、もっとパワフルになるでしょう。問題を克服しようとして視覚化してしまうと、あなたの思考は、欠乏のほうに傾き、弱まってしまいます。

ずっともち続けている願いが叶っていないということを理由に、「引き寄せの法則は、自分には働いていない」と言う人たちもいます。ですが、それは、彼らが「願いが叶っていないことを鋭く認識している状態で、改善を求めている」ことが原因です。望むものに主にフォーカスするように思考を変えるのには、時間がかかります。しかし、そのうち、そうすることがまったく自然なことのように感じるはずです。やがては、新しい物語を語ることがあなたにとって最も簡単なことになるでしょう。

もし、あなたが身体をポジティブにイメージする時間をとれば、心地よい思考が優勢になります。そうなると、あなたの身体の状態は、自分の思考に従うことになります。もし、あなたが今の状態にフォーカスするだけなら、何も変わらないでしょう。

新しい物語を想像して、視覚化して、言葉で表現するにつれて、あなたはやがて、その新しい物語を信じるようになるでしょう。そのとき、あなたの人生の中にすぐに証拠が現れてきます。観念とは、あなたが考え続けている思考に過ぎません。そして、あなたの観念が願いと調和すれば、その願いは、現実となるに違いありません。

心に抱くどんな願いであっても、そこに立ちはだかるものは、あなた自身の思考パターンしか存在しません。たとえどれだけ弱っていたとしても、どんな状態だとしても、よくならない身体などないのです。あなた自身の身体ほど、素早くあなたの思考パターンに反応するものは他にありません。

他者の観念に影響を受けない

正しい方向にフォーカスすることに少しでも取り組んでみれば、目覚ましい結果が現れるはずです。そして、あなたはやがて思い出すでしょう。フォーカスして、波動を調和させることができれば、「何にでもなれて、何でもできて、どんなものでも手に入れられる」ことを。

あなたは、非物質世界の視点からとても明確な意図をもって、この身体、この物質世界にやってきました。ここに来る前にあなたの物質世界での経験をすべて細かく決めてきたわけではありませんが、人生を創造していくための肉体としての生命力をもつことをはっきりと意図していました。あなたはここに来ることに、ものすごくワクワクしていたのです。

あなたが小さな赤ちゃんの身体に入ったときは、物質世界よりも内なる世界に近くて、ウェルビーイングや力があるという感覚がとても強かったのです。でも、時間とともに、あなたは物質世界によりフォーカスするようになりました。そして、強力だったウェルビーイングとのつながりをなくしてしまった人たちを見ているうちに、少しずつ、あなた自身のウェルビーイングの感覚も消えていったのです。

この物質世界に生まれてからも、本当の自分とのつながり、そして、ウェルビーイングとのつながりを保つことは可能です。ですが、ほとんどの人は、一度この時空世界にフォーカスすると、そのつながりをなくしてしまいます。自分とウェルビーイングとのつながりの感覚をなくしてしまうのは、周りの人たちから彼らの機嫌をとるようやかましく要求されたことが主な原因です。あなたの親や先生たちには、ほとんどの場合、悪意はありません。とはいえ、彼らが関心をもっているのは、あなたのことよりも、彼らを喜ばせることなのです。そうして、社会の中で生きているうちに、ほぼどこの国でも、ほとんどの人たちが、説得されたり、または強要されたりして、「自分自身のガイダンスシステムから引き離され、自分の道を見失ってしまう」のです。

たいていの社会は、あなたに、行動を最も重視することを求めます。あなたと内なる世界との波動的な調和、もしくは、内なる世界とのつながりを意識するように励ますことなど、ほとんどありません。最終的にほとんどの人は、他人から認められるか、認められないかに、動機づけされるようになります。そうやって、周りの人から最も尊敬される行動をとるという、的外れなことをしようとして、彼らは調和を失うのです。そして、経験するすべてのものが、つまらないものになってしまうわけです。

しかし、あなたは自分が生まれてくるこの物質世界にこんなにも素晴らしい多様性があることにワクワクしていたのです。なぜなら、そのコントラストは、自分自身の経験をつくる素材として価値のあるものだと、わかっていたからです。あなたはこれから体験することになる経験をもとに、いろんな選択肢の中から何が自分の好みなのかわかるようになると、知っていました。

「望まないこと」がわかったときは、「自分が望むことが何なのか」が、より明確にわかります。ですが、多くの人はその望まないことが明確になる最初のステップのあとに、望むことに向きを変えようとはしません。その代わりに、望まないことについて語り続けてしまっているのです。そして、時間とともに、生まれもった活力が衰えていくわけです。

達成する時間は十分ある

思考の力を理解していないと、思考を調和させる時間もとらなくなるので、その力の恩恵を受け取ることもできなくなります。そうなると、行動力に頼って創造するようになります。思考と比べると、行動には、大して力はありません。そのため、たくさん行動して頑張っても達成できないとなると、心が折れたり、実現するのは不可能だと感じたりしてしまいがちです。夢見た自分になり、やりたいことを実現し、願ってきたものを手に入れるための時間が、自分の人生にはもう残されていないと感じてしまう人もいます。ですが、あなたに理解してほしいことがあります。もしあなたが、世界を創造するエネルギーと意図的に調和する時間をとったならば、思考をフォーカスすることには、レバレッジ（てこの原理）があることを発見するでしょう。そのレバレッジが、前までは不可能に思えたことを、すぐに達成する手助けとなるのです。

調和することができれば、あなたには、なれないものも、できないことも、手に入れられないものもないのです。そして、あなたが調和すると、その証拠があなたの人生の中に現れます。実際に何かが実現するより前に、まずはポジティブで、いい気分という感情がその証拠としてやってきます。それがわかっていれば、何かが実現していく過程の中で、道をそれることなく安定していられるでしょう。引き寄せの法則というのは、それ自身に似たものが引き寄せられるというものです。あなたの状態がどうであれ、あなたが何を感じているとしても、そのエッセンスをあなたは引き寄せているのです。

あることを達成できると信じているときは、それを望んだり、願ったりすることに対して、いつでも気分よく感じます。でも、疑っている場合は、それがとても気分が悪く感じるものです。ここで理解してほしいことがあります。「何かを望みながら、それが叶うことを信じている状態」は、調和しています。一方で、「何かを望みながら疑っているのは、不調和な状態」です。
望みながら信じているのは、調和です。
望みながら期待しているのは、調和です。
望まないことを予期しているのは、不調和です。
あなたは、自分が調和しているかどうかを感じることができます。

「身体の完璧な状態」をなぜ望むのか

おかしなことだと思うかもしれませんが、物質的な身体について語ろうとするなら、あなたが非物質世界から来たことと、そのルーツと永遠のつながりがあることを説明しないわけにはいきません。なぜなら、あなたはその内なる存在の延長として、物質的な身体をもつ存在だからです。シンプルに表現すると、健康やウェルビーイングの状態を最大限に実現するためには、内なる存在と波動的に調和しなければなりません。そのためには、自分の感情や気分に気づいている必要があります。

あなたの身体のウェルビーイングは、内なる存在、またはソース（源）と波動的に調和することと直結しています。つまり、あなたが考えるあらゆるテーマに関するすべての思考が、そのつながりにポジティブにもネガティブにも影響し得るということです。ですから、自分の感情に気づきながら、心地よく感じるほうに思考を向けていくようにしないと、健康な身体を保つことはできません。

「気分がよいことが、自然なのだ」と思い出して、ポジティブな側面を見つけるようにすれば、あなたの思考を内なる存在の思考に調和させていくことができます。それが、あなたの身体に、とてつもなく大きなプラスとなるのです。思考が心地よいものであり続けると、身体は健康になります。

感情には、気分がとても悪いものから、かなりよい気分のものまで、幅広くあります。ですが、**どの瞬間でも、あなたが選べる感情は、実は二つしかありません。「よりよい気分の感情」と、「より悪い気分の感情」です**。なので、二つの感情しか存在しないと言うこともできます。そして、その二つの選択肢からよりよい気分の感情を選ぶのが、ガイダンスシステムを有効に使うということです。そうすることで、あなたは内なる存在の周波数にぴたっと自分自身を合わせていくことができます。それができたとき、あなたの身体は健康になります。

内なる存在「インナービーイング」を信頼する

内なる存在は、何千という人生を生きてきたあなたが、その経験の中で進化を続けてきたソース（源）としてのあなたのことです。そして、ソース（源）としてのあなたは、好みのものを選んでいく経験の中から、常に最も気分がいいものを選びます。すなわち、あなたの内なる存在は、永遠に愛、喜び、そしてよいものすべてに自身を調和させているということです。他の人や自分自身を愛するほうが、あらを探すよりも気分がいいのは、それが理由です。あなたがソース（源）と調和していることは、よい気分で確認できます。ソース（源）と調和しない思考を選んだときには、恐怖や怒り、嫉妬などの感情的な反応が生まれます。それらの気分はあなたの波動がソース（源）と一致していないことを示しています。

ソース（源）は、決してあなたのもとを離れることなく、揺るぎないウェルビーイングの波動を送っています。ですから、ネガティブな感情を感じたとしたら、それは、「あなたが、ソース（源）とウェルビーイングへの波動的なアクセスを阻んでいる」ということを意味します。あなたの身体、人生、仕事、そして周りにいる人たちについて、心地よく感じる物語を語りはじめましょう。そうすれば、絶え間なくあなたのもとに流れ込んでくるウェルビーイングの流れと、安定してつながることができます。望むものにフォーカスして、ポジティブな感情を抱くのです。そのとき、あなたは世界を創造する力にアクセスして、その力を望むものに向けて使うことができます。

外傷性のけがにおける思考の影響

ジェリー　けがをすることも、病気と同じように、創造されるのでしょうか？　それから、けがは思考で治せるものなのですか？　けがは長い間考えられた思考の結果というよりは、瞬間的に起こるような出来事なのですか？

エイブラハム　突然のことのように思える出来事の結果としてけがをしたり、またはガンのような病気であったとしても、その状況は思考で創造されたものです。そして、同じく思考によって治ります。

心が安らぐ思考が習慣になっていると、健康が促進されますが、ストレスになるような、頭に血が上るような思考や、憎しみや恐れの思考が癖になっていると、病気を助長させてしまいます。（転倒して骨折することのように）急に現れたものでも、（ガンのように）もっとゆっくりと現れたものでも、あなたが体験していることは、常にあなたの思考のバランスと一致しています。

それが骨折または内側の病気であっても、ウェルビーイングから一度離れてしまうと、内なる存在の思考と一致する心地よい思考は、急には見つからないでしょう。どういうことかというと、思いがけない出来事や病気が起こる前まで、ウェルビーイングと調和する思考を選んでいなかったのですから、不快さや痛み、または恐ろしい診断をされたからといって、すぐには調和を見つけられないだろうということです。

「まあまあ健康な状態から、とても健康になる」ほうが、「あまり健康でない状態から、とても健康になる」よりも、ずっと簡単です。とはいえ、もしあなたが人生の望まない側面から気をそらして、もっと心地よい側面にフォーカスすることができたなら、どこからでも、望むところにたどり着くことができます。本当に、フォーカスだけの問題なのです。

怖くなるような診断を受けたり、けががきっかけで、「もっと意図して心地よく感じること」にフォーカスしようと、強く思うことがあります。「これ以上手の施しようがない」と、医師から恐ろしい診断を言い渡されたことで、逆に意図的に自分の思考を定められるようになった人たちもいます。実は、彼らは、意図的な創造を最もよく学んだ生徒たちです。

他に選択肢がなくなるまでは、本当に役に立つことをやろうとしない人たちがあまりにも多いのは、興味深いことです。ですが、行動志向の世界に慣れてしまっていることは、理解できます。ほとんどの人にとって、「行動することがベストな最初の選択肢だ」と、思えるわけです。わたしたちは、行動しないように導いているわけではありません。まず最初に、より心地よい思考を見つけて、それから、やりたいと感じた行動をしましょう、と勧めているのです。

生まれつきの病気は波動で治せる?

ジェリー　もって生まれた先天性の病気は、思考で治せますか?

エイブラハム　はい。あなたがどこにいたとしても、どんな場所にでもいくことができます。今いるところは、「これから向かう場所への出発点に過ぎない」と理解できれば、（たとえ望まないことが劇的なものだとしても）喜ばしい場所に向けて速やかに出発することができます。

もしこの人生での経験の中から願いが生まれたのなら、それを実現するのに必要な手段は、あなたの手の届くところにあります。ですが、望むことにフォーカスしなければなりません。今いるところにフォーカスしていると、願いに向かって進むことができないのです。とはいえ、あなたは、自分自身の観念を超えたものを創造することはできません。

大きな病気が流行っては去っていくのはなぜ？

ジェリー　わたしがもっと若い頃にあった（結核やポリオなどの）大変な病気の中には、もうほとんど耳にしなくなったものもあります。かといって、病気そのものがなくなっているわけではありません。今は心臓病やガンになる人がいますが、当時はほとんど聞くことがなかった病気です。当時、いつもニュースで話題になっていたのは、梅毒や淋病でした。そういった病名もあまり聞かなくなりましたが、最近では、エイズやヘルペスがニュースでよく取り上げられるようになりました。いつの時代も、さらなる病気が出てくるかのように見えるのはなぜですか？　どれだけ治療法が見つかっても、治療すべき病気がなくならないのはなぜでしょう？

エイブラハム　それは、欠乏に注意を向けているからです。無力感や弱さの感覚というのは、その感覚を感じさせるものをもっと生み出します。病気を克服することにフォーカスすると、必ず病気に注意を向けてしまいます。病気の治療法を探すことは、たとえそれが見つかったとしても、目先のことでしかありません。長期的に見ると、効果がない取り組みであることを理解するのは、とても重要です。なぜなら、あなたも気づいていたように、新しい病気が生み出され続けるからです。あなたが病気の治療法ではなく、その波動的な原因を見つけよう、そして理解しようとすれば、病気が山のように積み重なっていくこともなくなります。安らぎの気持ちを意図的に感じることができたら、波動も調和するので、病気とは無縁な人生を送ることが可能になります。

ほとんどの人は、目の前にある健康に感謝して、それを味わう時間をほとんどとりません。代わりに、病気になって初めて、回復することに注意を向け直す人がほとんどです。心地よい思考は、身体のウェルビーイングをつくり出して、維持してくれます。とても慌ただしい時代に生き、多くのことに悩み、心配しながら、どうしても調和できずにいる。その結果、病気になるわけです。それから、病気にフォーカスするようになって、さらに病気を長引かせてしまいます。ですが、そのサイクルはいつでも終わらせることができます。あなたが素晴らしい健康的な身体を実現するのに、社会がわかってくれるのを待たなくてもいいのです。あなたにとって健康が自然な状態なのです。

身体が自然に治るのを目にする

ジェリー　わたしは幼い頃に、自分の身体の治癒の早さに気がつきました。切り傷や擦り傷ができると、すぐ目の前で治っていく様子を見ることさえできるのではないかというほどです。5分もしないうちに治癒が始まり、ほんの少しの時間で傷が完全に癒えるのです。

エイブラハム　あなたの身体は、常にバランスをとろうとする知性をもった細胞でできています。気分がよければよいほど、バランスを整えようとする細胞の働きを、波動によって妨げずに済みます。あなたが自分を悩ませるものにフォーカスしてしまうと、自然にバランスをとろうとする身体の細胞のプロセスが邪魔されてしまうのです。そして、ある病気だと診断されると、あなたはその病気に注意を向けることになり、さらに邪魔は大きくなります。

あなたの身体の細胞は、バランスをとるためにどうすればいいのかを知っています。もし、あなたが心地よい思考にフォーカスする方法を見つけられたら、ネガティブに干渉するのをやめることができます。すると、身体は回復するでしょう。楽でない状態（dis-ease 病気）はすべて例外なく、波動の不調和または波動の抵抗から起きています。ほとんどの人は、病気になる前に不調和な思考をしていたこと（たいていは心地よい思考をしようとは、ほとんどしていません）に気づいていません。なので、いったん病気が起こると純粋でポジティブな思考を見つけるのは、非常に困難になります。

抵抗を生み、健康を阻んでいるのは、あなたの思考だけなのだと理解できれば――そして、もっとポジティブなほうへと思考を向けられれば――回復はとても早まります。どんな病気であっても、そしてどれだけ病気が進行していたとしても、条件にかかわらず、思考をポジティブなほうへと、向けられるかどうかの問題なのです。

ここまで聞くと、たいてい誰かがこう質問します。

「生まれたての子どもが病気である場合は、どうなのですか？」

子どもがまだ話せないからといって、考えたり波動を出したりしていない、とは思わないでください。子どもがまだお腹にいたり、生まれたばかりであったりしたとしても、その波動は健康や病気への大きな影響力をもっています。

健康を意識していると、健康を維持できる？

ジェリー　自分の身体が治る様子を見たし、その過程が目に見えたので、治るという期待がもてました。でも、身体のどんな部分でも治ると当然のように思えるには、どうすればよいのでしょうか？

多くの人は、身体の見えない部分について、例えば内臓など身体の内部のことを、一番恐れているように思います。

エイブラハム　思考の結果がはっきりわかる形で見えるのは、素晴らしいことです。また、傷や病気が、不調和の証拠であるように、癒やしや健康は、調和の証拠です。病気よりも、ウェルネス（健康）に向かう流れのほうがずっと強いのです。ある程度ネガティブな思考をもっていたとしても、ほとんどの人が、だいたい健康なのは、そのためです。

傷が癒えるという期待をもてたら、癒やしのプロセスの大きな力になります。でも、病気の証拠が目に見えない場合は、医者の診察や検査、医療機器に頼らなければならないので、多くの場合は恐れや無力感を感じます。それが癒やしのプロセスを遅くするだけでなく、病気をつくる大きな原因でもあります。多くの人が、身体の見えない部分に関して傷つきやすいと感じるようになり、その傷つきやすい感情が、病気を永続させる大きな要因となっています。

ほとんどの人が病気になると医者に行き、どこが悪いかのかを聞きに行きます。悪いところを見つけに行くと、たいてい悪いところが見つかります。それは実のところ、「引き寄せの法則」によるものです。身体の異常を繰り返し探し続けると、いずれ、悪いところの証拠となるものをつくり出します。ずっと潜んでいたものが、徹底的に調べて見つかったのではありません。繰り返された思考が、同等のものをつくり出したに過ぎないのです。

医者に診てもらう

エイブラハム　「定期検診の目的は、身体の異常や悪くなりかけている箇所、病気の可能性を発見することだから、お勧めしない」と言うと、多くの人がわたしたちの見方に反論します。もしわたしたちが、思考のパワーを知らなければ、「医者に行くと安心するなら、どうぞ」と言うかもしれません。

事実、異常がないかを確認するために病院に行き、異常が見つからなかったら、ほっとします。ただ、多くの場合は、異常を繰り返し探し続けることで、異常をつくり出してしまいます。実にシンプルなことです。医学が悪いとか、医者に行っても何の価値もない、と言っているのではありません。医学、医者、治療を目的とした職業も、額面通りの価値としては、よいも悪いもないのです。あなたの波動的な姿勢によってその価値も変わってきます。

感情のバランスを意識して、意図的にできるだけ気分のよい思考を探してください。習慣になるまで実践して練習すれば、波動のアラインメント（調和）ができてくるので、そのときに降りてきたインスピレーションを行動に移してください。つまり、医者に行くとき（あるいは、どんな行動を選ぶときも）、喜びや愛、いい気分の感情のときは、いつだって価値があります。逆に、恐れや弱気、あるいは気分のよくない感情からくる行動では、決して価値は得られません。

あなたの身体的な健康は、あなたがもつ観念の影響を強く受けます。これはすべてにおいて、言えることです。たいてい若いときは、健康に対する期待が大きいものの、年をとってくると、周りの人たちを見ながら、それを反映するように、ほとんどの人は年とともに衰えていきます。そして、あなたの観察は間違っていません。年配の人は活力が落ちたり、より病気を経験しがちです。しかし、身体が衰えるのは、加齢によって身体の不具合が出るように設定されているからではありません。長く生きていると、心配したり騒ぎ立てたりするようなことを多く見つけ、それが、本来のウェルビーイング（健康）の流れに対する抵抗の原因となってしまうのです。病気の原因は、抵抗です。年齢は関係ありません。

ライオンの口の中でも幸福感？

ジェリー　リビングストン博士という有名な方が、アフリカにいるときに、「ライオンに噛みつかれて引きずられていった」話を聞きました。彼はそのとき、痛みを感じないで、一種の幸福感に包まれたような状態になったとか。大きな動物の餌食となった動物が、ぐたっとして、そのような状態になるのを見たことがあります。抵抗をあきらめて苦しみが終わったような感じです。でも、わたしが聞きたいのは、彼の痛みがなくなった、というくだりです。幸福感と表現したのは、精神状態でしょうか、それとも身体の状態だったのでしょうか？　食われそうになったり、殺されそうになったりするような、極限の状態のときにしか起こらないのでしょうか？　あるいは、痛みがある人が、痛みを感じなくするために活用することはできるのでしょうか？

エイブラハム　まず、高次なる存在、あるいは内なる存在（インナービーイング）から受け取っているのが、身体的なものなのか、精神的なものなのかは、はっきりと区別できないということを、お伝えしましょう。つまり、あなたは物質世界の身体にフォーカスした存在であり、思考する、精神的な存在でもあります。しかし、あなたの内側からくる生命力やエネルギーは、広い視点から送られてくるものです。回復が難しい状況、言い換えれば、ライオンの口の中にいるとき（普通は、ライオンが勝つでしょう）、あなたの内なる存在が介入して、エネルギーの流れを送ってくれるので、それをある種の幸福感と受け取るかもしれません。

源からのウェルビーイングの流れにアクセスするのに、そんな極限状態に陥るまで待つ必要はありません。ですが、ほとんどの人は、他に選択肢がなくなるまで、そのエネルギーを受け取ろうとしません。ウェルビーイングの流れがパワフルになるために、「あきらめる」という言葉で表現したのは正しいのです。

でも、実際に「あきらめた」ものは闘いや抵抗であり、肉体で生きる望みを「あきらめた」わけではありません。こうした特定の状況を見る際は、これらのことすべてを考慮しなくてはいけません。生きる意欲があまりない人で、生きてこれからもいろいろ実現させるんだ、という意志が弱い人ならば、違う結果となったでしょう。ライオンに食べられて、殺されていたかもしれません。人生で経験するすべてのことは、願望と期待という二つの思考のバランスの結果なのです。

受け取る状態は、普段の日常生活で実践するべきもので、ライオンに襲われている最中に訓練するべきものではありません。しかし、そんな極限状態の最中でも、あなたの意図のパワーが結果を左右します。**いい気分の思考を安定させて、調和を練習してください。それこそが、痛み知らずの人生への道です。**痛みは、抵抗を示すサインが強調されたものに過ぎません。まずはネガティブな感情があり、そしてもっとネガティブな感情になり、そしてもっと大きくなり（そしてまた大きくなり、延々と続きます）、そうして感覚が生じて、ついに痛みとなるわけです。

物質世界の友人たち（人間のみなさん）にお伝えしたいことがあります。ネガティブな感情があっても、それがあなたの抵抗の思考を示すサインだと知らずに、何も対処しなければ、「引き寄せの法則」によって、抵抗の思考が強く拡大してしまいます。

より気持ちが和らぐ思考を探して、調和を取り戻そうとしなければ、どんどん抵抗の思考が拡大して、いずれそれが痛みや病気など、抵抗を示す兆候が他に現れてくるでしょう。

痛みを感じている人は、どうやって気をそらせばいい？

ジェリー　なるほど、自分を癒やすためには、問題のことを考えるのをやめて、望むことに思考を向ける必要があるのですね。でも、痛みがある場合、それを感じないようにするには、どうすればいいのですか？

どうやったら、痛みから注意をそらして、望むことに集中し続けられるのでしょうか？

エイブラハム　確かにそうですね。「ズキズキ痛むつま先」のことを考えないようにするのは、とても難しいことです。ほとんどの人は、望まないことを体験するまで望むことについてきちんと考えることがありません。たいていの人は、特に何も意識的に思考を選ばず、不注意に思考がフラフラした状態で、なんとなく日常を過ごしています。自分自身の思考の力を理解していないがゆえに、意図的には何も思考しないまま、望まないことに直面するはめになるのが普通です。そして、いざ望まないことが起きると、全力でそれを非難します。わたしたちのように「引き寄せの法則」を知っているとわかると思いますが、注意を向けたところで、むしろそれを悪化させてしまうだけです。ですから、わたしたちがお勧めするのは、強い痛みを感じていない時間を見つけて、ウェルビーイング（健康と幸せ）にフォーカスすることです。

「人生経験で起きていること」と、「それに対して抱く感情」を、切り離す方法を見つけなくてはなりません。つまり、身体が痛むときに恐れを感じることもできるし、物理的な痛みを感じていても希望をもつこともできるわけです。痛みがあなたの思考や姿勢を支配する必要はないのです。痛み以外のことを考えることだってできるはずです。それができたなら、痛みは治まってくるでしょう。ですが、痛みが出てきたときに、ずっと注意を向け続けてしまうと、望まないことをもっと長引かせてしまいます。

さまざまなテーマでネガティブにフォーカスをし続けてきて、今痛みを体験している人は、その痛みを克服しなければならないし、さらに、ポジティブにフォーカスする必要もあります。ネガティブな思考の癖が病気をつくったのですから、健康になるポジティブ思考に突然切り替えることは、なかなかすぐにはできないでしょう。なぜなら、受け取るのを邪魔する痛みや病気、あるいはそのどちらにも取り組まなくてはいけないからです。予防を目的にしたウェルネス（健康）のほうが、治療を目的としたウェルネス（健康）よりも、ずっと簡単です。しかし、いずれにしても、より気分のいい思考、もっともっと気持ちが楽になる思考が、鍵となります。

大きな痛みを伴う経験をしている状況でも、つらい症状が大きいときと、小さいときがあるはずです。その中で、一番気分がましなタイミングを選び、ポジティブな側面を見つけて、より気分のいい思考を選んでください。そうして、より気持ちが和らぐ思考を探し続けるうちに、ポジティブなほうへ考え方が傾いていくことで、ウェルビーイング（健康）が取り戻せるでしょう。いつだって、例外なく、そうなります。

健康こそが、本来の自然な状態

エイブラハム　みなさんの核心はウェルネス（元気な状態）であり、ウェルビーイング（健康と幸せ）です。そうではない経験をしている場合は、あなたの波動の中に抵抗があるということです。望むことがまだ実現していないことにフォーカスすることで、抵抗は生まれます。受け取る状態は、望むことにフォーカスすることで、可能になります。抵抗は、あなたの視点が源の視点とずれたときに生じます。受け取るには、あなたの現在の思考が、ソース（源）の視点と一致したときに実現します。

ウェルネス、完全な健康、完璧な身体が、あなたの本来の自然な状態です。それ以外の何かを経験していたとしたら、あなたの思考のバランスが、望むことではなく、望むことがまだ実現していないという思考に傾いているからです。

そもそもの病気の原因は、あなたの抵抗です。そして、病気への抵抗が、その状態を長く続かせるのです。望まないことへ注意を向けることで、あなたの人生に望まないことを創造してしまいます。そのため、望むことへ注意を向けることが大事なのは、理にかなっていますよね。

自分では、健康になりたいと考えているつもりでも、本当は病気になることを心配しているときがあります。その波動の違いを確認する唯一の方法は、あなたの思考にまつわる感情に注意を払うことです。思考で自分を健康な状態にもっていこうとするよりも、感情からアプローチして、健康になれる心地よい思考を感じるようにするほうがずっと簡単です。

「いい気分でいよう」、と決めてください。そして、「いい気分になる思考」を選んでください。そうすれば、自分でも知らないうちに、怒りや無価値観、無力感を抱いていたことに気づくでしょう。でも、あなたの感情に注意を向けようと決めたなら、こうした抵抗や、病気をつくり出すような思考を気づかずに放置することがなくなるでしょう。**病気は、あなたにとって自然なことではありません。**また、ネガティブな感情を抱くのも、あなたの自然な姿ではありません。なぜなら、あなたの核となる本質は、あなたのインナービーイングと同じだからです。健康そのもので、ものすごく気分がいい状態が、あなたの本質です。

赤ちゃんの思考が病気を引き寄せることなんてあるの？

ジェリー　まだ意識も自覚もない、生まれたばかりの赤ちゃんは、どうやって病気を引き寄せるのでしょうか？

エイブラハム　まず、明確に伝えたいのは、**あなたの現実を創造するのは、あなた自身だけです**。ただ、あなたが認識している「あなた」は、お母さんから生まれた小さな赤ちゃんとして始まったわけではありません。それを理解することが重要です。あなたは永遠に続く存在です。たくさんの人生を生きて、創造をたくさん経験してきた長い経歴をもったうえで、この肉体で生まれてきたわけです。

生まれてきたすべての赤ちゃんが、「完璧」な身体をもって、すべての基準を満たしたうえで生まれたら、もっとよい世の中になるのに、と人はよく考えたりします。ですが、それは、肉体をもって生まれてくるすべての存在の意図ではありません。コントラストは、さまざまな側面で価値をもたらす興味深い効果があるため、意図的に一般で言うところの「普通」とは違う存在でやってきます。つまり、違いをもって生まれたからといって、何か問題があると決めつけることはできないのです。

テニスがうまい女子選手を想像してみてください。試合に来た観客は、この選手は、簡単に勝てる対戦相手を望んでいると思うかもしれません。しかし、選手自身は、その真逆を望んでいるのかもしれないのです。トップレベルの対戦相手に、「これまでにないほどの集中力と精度を引き出してほしい」と思っているかもしれません。同じように、物質世界における創造のトッププレイヤーも、自分の中から新しい選択肢を引き出してくれて、新しい体験ができるような、人生について違う見方ができる機会を求めていることが多いのです。こうした存在たちは、いわゆる「普通」とは違う経験をすることは、身近な人たちにとってもとても得るものがとても大きいことを理解しているのです。

人はよく、「赤ちゃんは話せないのだから、自分の現実を創造できない」と考えがちですが、それは間違いです。言語をもっている人も、言葉ではなく、思考で現実をつくっています。赤ちゃんも、生まれたときから思考しているし、生まれる前でも、波動的に認識しています。赤ちゃんの波動の周波数は、生まれる環境の波動に影響されます。しかし、心配する必要はありません。なぜなら、あなたと同じように、生まれながらにして「ガイダンスシステム」があって、ウェルビーイングに役立つ思考と、邪魔する思考の違いを見分ける手助けをしてもらえるからです。

生まれつき病気の人がいるのはなぜ？

ジェリー　「思考のバランス」について話してくれましたが、生まれる前からも思考のバランスってあるのでしょうか？　だから生まれながらにして、身体的な問題を抱えているのでしょうか？

エイブラハム　そうです。**今の人生は今の思考のバランスとイコールであるのと同様に、生まれる前の思考のバランスが、今の人生経験とイコール、つまり反映されています**。ただ、理解してほしいのは、身体の「障害」をもって生まれてきた人たちは、それによって得られることがあると知ったうえで、意図的に「障害」を望んで生まれてきたということです。彼ら自身の視点にバランスを加えたいと望んでいたのです。

この身体に生まれる前は、どこからでも、自分が望むことに対して新しい決断ができると理解していました。肉体をもって生まれる際に、どのようなスタートを切るかは心配していませんでした。なぜなら、その状況から何かが変わってほしいという願いが生まれたら、その新しい願いは叶えられると知っていたからです。一般的には成功とは真逆だと思われそうな状態で生まれながらも、いろんな分野で素晴らしい成功を手にした人たちがたくさんいます。そうした逆境のスタートは、その人たちに大きなものをもたらしました。貧困の中、または障害をもって生まれることで、強い願望が生まれたのです。つまり、それが成功を引き寄せるのに必要な「求める」ことの始まりだったわけです。

肉体をもって生まれてくるすべての存在が、自分の身体のことをすべて理解してやってきます。そして、その身体に命が宿り生まれてきたということは、非物質世界からそうした意図をもって決めてきたと、信頼してください。今置かれた状況によって別の望みが芽生えたならば、自分の思考をフォーカスすることで、あなたには例外なく、その望みのエッセンス（要素）を創造する能力があります。

健康ではない状態を引き寄せている人は、そのほとんどが、意図を明確にせず無防備に今の状態を引き寄せています。健康を望んでいたとしても、思考の大部分が、健康をサポートするテーマに向けられていないのです。あなた自身の視点から、他人の人生が適切かどうかを判断するのは、よくありません。なぜなら、それは、あなたには絶対にわからないからです。ですが、あなたの望みに対して自分がどこにいるのかは、いつだってわかります。そして、自分の考えていることに注意を向け、自分の内側からくる気持ちを頼りにしながら考えられるようになったら、もっと自分の喜ぶ方向へ、自分の思考を導くことができるでしょう。

「不治」の病という概念について

ジェリー　最近の「不治」の病と言えば、エイズだと思うのですが、エイズサバイバー（克服した人たち）も出はじめています。そうした余命宣告以上の年月を生き延びている人たちもいます。エイズを患っていて、今助けを必要としている人たちに、どんなアドバイスがありますか？

エイブラハム　どんなに悪化した状態でも、身体は完璧な健康を取り戻せます。ですが、自分の人生で何を受け取るかの決め手となるのは、「あなたが何を信じているか」です。もし、これは不治の病だと言われて、それが「致命的」であると信じてしまったとしましょう。そして、あなたがその病気の診断を受けたら、生き延びられないという観念をもっているため、生き延びることはできないでしょう。

しかし、**あなたが生存することとその病気はまったく関係がなく、すべてはあなたの思考が関係しているのです**。もしあなたが、自分自身にこう言ったとしましょう。「他の人にとっては、事実かもしれないけれど、わたしにとっては違う。なぜなら、わたし自身の経験を創造するのは、わたし自身だから。わたしは今回、回復を選ぶ。死ではなく」。そうすれば、回復するでしょう。

わたしたちの立場で言うのは簡単なのですが、自分自身の創造するパワーを信じていない人たちからすると、受け入れにくい言葉でしょう。しかし、あなたの経験はいつだって、あなたの思考のバランスを反映しているのです。あなたの経験は、あなたがどんなことを考えているかを、はっきりと映し出しています。あなたの思考が変われば、あなたの経験も、その反映も変わらざるを得ないのです。それが「法則」ですから。

楽しいことにフォーカスして、健康を取り戻す

ジェリー　作家のノーマン・カズンズは、不治の病といわれる病気にかかりました（その病気から回復した人はいないと思います）。しかし、彼は生還しました。お笑いのテレビ番組シリーズを観ることで、病気が治ったと彼は言うのです。そのお笑い番組を観て、ただ笑っていたら、病気が消えたそうです。彼の回復の裏側には、いったい何があったのだと思われますか？

エイブラハム　彼が回復したのは、健康の波動と調和することができたからです。彼が波動を調和させることができた背景には、二つの大きな要素があります。

一つ目は、この病によって、彼自身の健康に対する願望が強まったということ。二つ目は、観ていた番組が、病気から気をそらしてくれたということ。お笑い番組を観て笑って楽しんだというのは、健康への抵抗がなくなった証しです。この二つが、ど

んな創造においても必要な要素なのです。「望む」ことと、「受け入れる」ことです。ウェルビーイング（健康）を受け取れないほどに問題にフォーカスして、ひとたび重い病気になると、たいていの場合は、その病気に完全に注意が向いてしまいます。そうすると、それがさらに長く続くことになるわけです。医者があなたの治癒に役立つと思う治療や処置があれば、あなたの中のウェルネス（健康）に対する観念を強めてくれる場合もあるでしょう。その場合は、病気を経験して（健康への）願望が大きくなり、また、提案された治療によって（回復への）観念が強まります。治らないであろう病気が回復した場合も、治るであろう病気が回復した場合も、その癒やしをもたらした二つの要素は、どちらも同じなのです。それは望みと観念です。

どんな状態に置かれていようが、ウェルビーイング（健康）を期待することができたら、健康は取り戻せるのです。コツとしては、ウェルビーイングを期待すること、もしくは、あなたのあげた作家の例のように、ウェルビーイングがない状態（病気）から単純に気をそらしてください。

病気の存在を無視したら治る？

ジェリー　わたしは、大人になってからはずっと、予定していた仕事ができなくなるほど体調を崩したことがありません。つまり、仕事がとても大事だと思っていたので、仕事をしないという選択肢がなかったのです。ただ、少しでも調子がおかしいなと感じたとき、例えば風邪やインフルエンザのひきはじめの際、仕事にフォーカスをしたら、症状がなくなるのです。それは、自分が望むことにフォーカスをしたからでしょうか？

エイブラハム　仕事をするという意図が強かったのと、仕事を楽しんでやっていたので、健康に向けての強いモメンタム（勢い）が働いたのです。望まないことへ注意を向けてしまうことで、何らかの形でウェルビーイング（健康）が損なわれたとしても、普段の意図だけにフォーカスすることができたので、調和がすぐに取り戻せたわけです。そして、不調和の症状が速やかに消えたのです。

ほとんどの人は、行動を通して多くを達成しようとしますが、そのせいで疲れたり、圧倒された気持ちになったりします。そうした感情は、「今こそ立ち止まってリフレッシュしたほうがいいよ」と教えてくれているものです。ですが、リフレッシュして再び調和する時間をとることなく、無理して行動してしまう人がほとんどです。これが不快な症状が出はじめる最もよくある原因です。

病気の症状を感じると、その症状に注意を向けてしまう人がほとんどですが、そのせいで、もっと不快感が強まり、調和から外れるということがあっという間に起きてしまいます。その不調和に、早い段階で気づくことが鍵です。つまり、ネガティブな感情を感じたら、それはシグナルなのです。波動のバランスを改善させるために違う思考を探しなさい、という。ですが、違う思考を探さなければ、そのシグナルはどんどん強くなり、そのうち身体的な不快感にまでなるでしょう。とはいえ、あなたの例のように、望むことにフォーカスを向け直すことはできますし（あなたのバランスを崩してしまう物事から気をそらすことです）、調和にもっていくこともできます。そうなれば、病気の症状はなくなります。どんな状態でも回復することは可能ですが、初期のまだ軽い状態で気づくほうがずっと簡単です。

時々、病気になることで、やりたくないことから逃れられる場合があります。だから、やりたくないことへの逃げ道として、病気を自分の経験に受け入れる人が多いのです。しかし、こういうゲーム（駆け引き）を自分で始めてしまうと、より大きな病気へとつながる扉がどんどん開いていくことになってしまいます。

病気に対するワクチンの効果は？

ジェリー　「病気はわたしたちの思考がつくり出す」ということですが、なぜワクチンは（例えばポリオのワクチンのような）、特定の病の感染拡大に、ほぼ終止符を打つことができるのでしょうか？

エイブラハム　病気は、あなたの望みを強くし、ワクチンは、あなたの観念を強くします。従って、創造のバランスを絶妙に達成したことになります。望みが生まれ、それを受け取る。あるいはそれを信じる。そのようにして実現するのです。

医者、ヒーラーなどの信仰療法、呪術医はどうなの？

ジェリー　関連して、次の質問が湧いてきました。呪術医やヒーラー、そして医者たちは、癒やす場合もあれば、患者を失う場合もありますよね。こうした人たちは、思考において、あるいは人生で、どういった立ち位置なのでしょう？

エイブラハム　彼らが患者たちの観念を刺激するというところが、共通する大事な点です。病気になり、健康への望みが強くなることによって、創造のバランスの最初の部分が満たされます。そして、その観念あるいは期待をもたらしてくれるものであればどんなものであっても、ポジティブな結果をもたらしてくれるのです。医学と科学が治療法を探すことをやめて、波動的な原因や波動の不調和を探し出せば、もっと高い割合で回復していくことに気づくでしょう。

あなたの病気が治ると信じていない医者にかかるのは、非常に悪影響があります。また、治るかわからないと疑いをもっている医者が、回復の確率がどれだけ低いのかを指摘し、あなたも例外ではないと、悪気なく自分の論理を披露することが多いのです。その論理で迷惑なのは、事実や証拠を根拠にした医学や科学とはいえ、あなたとはまったく関係がないという点です。あなたの回復に関係するのは、たった二つの要素です。あなたの望みと、あなたの観念です。そして、そのネガティブな診断が、あなたの観念の妨げになっているのです。

もしあなたが、回復への強い望みをもっていて、医者がまったく希望を与えてくれない場合、回復への希望があるだけでなく、励みになるような、別の代替手段を探すでしょう。なぜなら、「不治」の病と言われるような病気から回復している人たちの証拠はたくさんあるからです。

ウェルビーイング（健康）の手段としての医師

エイブラハム　現代医学を非難しないでください。なぜなら、この社会のみなさんの思考、願望、観念から生まれたのが、現代医学だからです。知ってほしいのは、願ったものは何でも叶えるパワーがあなたにはあるということです。ただ、自分の外側から、その願いを叶えるための承認を得ることはできません。あなたの内側からくる、感情という形でその願いが叶うということがわかるのです。

まずは、波動でアラインメント（調和）を実現してから、内側からインスパイアされた行動をとってください。医療のコミュニティーには、あなたの回復を手伝ってもらいましょう。医療に、あなたのエネルギーの不調和を補ってもらうための治療を求めてはいけません。不可能なことを求めるのは、やめましょう。

求めなければ、答えは生まれません。問題に対して注意を向けるということは、解決策を求めることです。医師たちが、問題を探すために身体を検査するのは自然なことです。解決策があるかもしれないのですから。ですが、問題を探すという行為は、その問題を引き寄せるパワフルなきっかけにもなりますので、よかれと思っている医師が、治療よりも、逆にもっと多くの病気をいつまでも長引かせる手助けをしてしまうことが多いのです。医師たちが、あなたがたを助けたくない、と言っているのではありません。診察する際の、彼らの主な意図は、問題となる証拠を見つけることです。身体の異常を見つけることが一番の意図なので、それを一番引き寄せやすいのです。

とても長く医療に携わっていると、人間の脆弱さを信じてしまうようになります。よいところではなく、悪いところが目につくようになるので、医師である自分自身の経験にも病気を引き寄せてしまう人が多いのです。

ジェリー　だから、自分の病気を治せない医師が多いのでしょうか？

エイブラハム　それが原因です。他人のネガティブなことにフォーカスしながら、自分の中でもネガティブな感情を体験しないでいるのは、難しいですから。そして、病気が存在するのは、ネガティブなことを、受け入れているからです。ネガティブなことをまったく経験しない人は、病気になりません。

誰かの助けになるには？

ジェリー　身体的な不調を抱えている人たちに、わたし個人としてできる最善のことは何でしょうか？

エイブラハム　誰かの不平不満の相談役になるのは、決して誰の助けにもなりません。その人たちが望んでいる姿をあなたの中で見てあげることが、あなたができる最も価値のあることです。時として、その人のそばを離れたほうがいい場合があります。なぜなら、近くにいると、どうしても彼らの不満が目につきますから。相手にこう言ってあげられるかもしれません。

「わたしは自分が注意を向けることと、思考にはパワーがあることを学びました。あなたが望まないことを話しているのを聞くと、わたしは席を外さないといけません。なぜなら、あなたが望まないことを創造するのに加担したくないからです」

彼らが不平不満から気をそらして、ポジティブな側面にフォーカスできるように助けてあげてください。彼らの回復している姿を想像できるようにベストを尽くしてください。

その人のことを思い描きながら、同時に気分よくいられたなら、相手にとって役立っていると言えます。**心配をしないで、相手のことを愛することができたら、あなたの存在がよい助けになります**。相手と楽しめたら、助けになります。相手が成功することを期待できたら、助けになります。つまり、内なる存在と同じ視点で相手を見ることができたときだけ、あなたの関わりが応援、助けになるのです。

昏睡状態にある場合は？

ジェリー　時々、「友人（または家族）が、昏睡状態になっています」と言う人がいます。愛する人が意識のない状態にあるときに、わたしたちにできることはあるのでしょうか？

エイブラハム　言葉以上に波動であなたがたはコミュニケーションをとっています。たとえ、愛する人がまったく意識がないように見えても、コミュニケーションがとれていないということはありません。あなたがたが「死」と呼ぶ、物質世界から非物質世界へ移行した人たちともコミュニケーションはとれますから、一見意識がない状態だからといって、コミュニケーションがとれないとは思わないでください。

昏睡状態や意識のない状態に居続ける主な理由としては、自分を邪魔してきた「不足している」という思考から、回復したいからです。つまり、日常生活の具体的なことから意識的な関心を離脱させている間に、彼ら自身の内なる存在と波動によるコミュニケーションを図っているのです。回復の機会でもありますが、多くの場合は、非物質世界へ戻ることで調和を得るか、あるいは、再び目覚めて物質世界に戻るかを、決める時間でもあります。いろいろな意味で、この物質世界に生まれてくるときと大して違いのないことです。

そうした人たちに対して、こういう心持ちでいるのが最善でしょう。

「あなたにとって大事なことをしてほしい」

「どんな決断だろうが、あなたが決めたことを受け入れます。無条件にあなたを愛しています。残ってくれたらうれしいし、そして、去るとしてもうれしい。あなたにとって、一番いい形をとってください」。これがあなたが彼らにできる最善のことなのです。

ジェリー　そうすると、何年もそうした昏睡状態にある人たちは、望んでそうしているのでしょうか？

エイブラハム　それだけ長い間であるならば、ほとんどの場合は、とうの昔に戻らない決断をしているのにもかかわらず、物質世界にいる誰かが、彼らの決断を無視して機械につないでいるケースです。ですが、彼らの意識はとっくに去っていて、その身体には戻らないでしょう。

祖母の病気は遺伝する?

ジェリー　こんなことを言う人たちがいます。

「自分が偏頭痛もちなのは、母親も偏頭痛をもっていたからだ」とか「母も、祖母も太っていたから、わたしの子どもたちも太っている」。

身体的な問題は遺伝するのでしょうか?

エイブラハム　一見、遺伝と思われる傾向も、たいていはあなたが親から学んだ思考に「引き寄せの法則」が反応した結果です。しかし、あなたの身体の細胞は思考するメカニズム(仕組み)です。そしてあなたの細胞はあなたと同じように、周囲から波動を学ぶこともできます。自分の望みがはっきりし、心地よい思考を見つけたら、あなたの身体の細胞は、ポジティブな思考によって放たれたウェルビーイングの波動と素早く調和します。心地よい思考は内なる存在やソース（源）と波動が調和しているのを教えてくれるサインです。

あなたがソース（源）との調和をしていれば、身体の細胞たちも、病気に発展するようなネガティブなほうには動きません。あなたが調和から外れない限り、細胞たちも不調和になれないのです。

あなたの肉体は、あなたの思考の延長です。伝染性の、あるいは「受け継いだ」ネガティブな症状は、あなたのネガティブな思考の影響によるものなので、常にポジティブな思考をもっていれば、発症しません。あなたの両親たちが経験した病気であったとしてもです。

ジェリー　もし、わたしの母親が頭痛について話しているのを聞いて、自分もそれを受け入れたら、わたし自身も頭痛がするようになる、ということですか？

エイブラハム　あなたのお母さんからでも、他の人から聞いたとしても、望まないことに注意を向けたら、いずれその要素を引き寄せてしまいます。頭痛は、ウェルビーイングに抵抗している症状で、あなたの内なる存在のウェルビーイングと矛盾する波動のときに起きるものです。例えば、仕事のことを心配していたり、政府に対して怒りの感情を抱いていたりすると、身体的な症状が出てきます。頭痛にフォーカスしていなくても、頭痛は引き寄せられるのです。

ジェリー　もし、母親が頭痛に対して愚痴を言っていても、自分が意識的にそれを否定して、「あなたはそうかもしれないけれど、わたしは違う」と言えば、ある程度自分を守れますか？

エイブラハム　自分が望むことを語るのは、いつだってあなたの役に立ちます。ただ、お母さんの頭痛にフォーカスしながら、本当の自分との調和を保つことはできません。望むことを口にしながら、望まないことを見ていたら、望みと調和することはできません。引き寄せたくないことから気をそらして、引き寄せたいことに注意を向けてください。あなたのお母さんのことで、気分がよくなる側面にフォーカスするか、あるいは、お母さん以外のことで、気分がよくなることにフォーカスしてください。

疫病に関するメディアの役割は？

ジェリー　メディアで最近、無料のインフルエンザ予防接種を希望者に提供しているという報道を耳にします。そうしたニュースは、インフルエンザ・ウイルスの感染拡大に影響しますか？

エイブラハム　はい。ウィルスの感染拡大に大きな影響を与えるでしょう。テレビほど、あなたの経験にネガティブな影響を与えるものはありません。もちろん、あなたを取り巻く環境のどんな側面でも、望むことと望まないことが含まれています。そして、あなたにはフォーカスをする能力があるので、テレビなどのメディアからも価値のある内容を得ることはできます。しかし、こうした媒体は、とてつもなく歪んだ、バランスを欠いた視点をもたらしてしまいます。世界中のあらゆるところから問題を探してきて、強烈なスポットライトを当てて、拡大して見せます。そしてその問題をドラマチックな音楽でさらに強調し、あなたがたのリビングに届け、あなたの惑星のウェルビーイングと比べると、大きく歪んだ視点で問題を放送しています。

「5人に1人がこの病にかかると言われていて、あなたもその1人かもしれません」というような医療系コマーシャルがひっきりなしに流れてきます。こうしたコマーシャルは、ネガティブな影響を及ぼす大きな原因です。病に対して思考を巡らすきっかけをつくったあとに、「医師の診断を受けましょう」と促す。そして、病院に行ったとしても（医師の意図は悪いところを発見することですから）、今度はあなたの中でネガティブな期待が植えつけられたり、強まったりします。そのネガティブな影響のせいで、あなたの身体の中に、説得力をもって植えつけられてしまった思考の証拠が具現化されはじめるのです。今の時代の医学はかつてないほど進化しているにもかかわらず、かつてないほど病になる人が多いのです。

思い出してください。何かを創造するためには、それについて考え、その何かを期待しさえすれば実現するのです。統計や数字を見せられる→恐ろしい話を聞かせられる→思考を刺激される→詳細にわたって思考を刺激されて、感情が動く→恐怖、恐れ……「そんなの嫌だ！」。これで方程式（具現化）は半分、完成したようなものです。そして、検診や無料の予防接種を受けるように促すのです。「流行性の病だからこそ、無料での予防接種を提供しているのです」と付け加えることによって、期待する部分、あるいは受け取る部分が完成します。そうなってしまうと、インフルエンザや彼らが語っていた他の何かの要素を引き寄せる準備が完全に整ってしまうのです。

望んでいようが、望んでいなかろうが、あなたが考えたことが引き寄せられます。だからこそ、自分のウェルビーイング（健康と幸せ）に関する物語を語る練習をしておくのには大きな価値があるのです。テレビで恐ろしい物語（自分に起きてほしくないこと）を放送していても、彼らの見解を聞いて恐れを感じるのではなく、おかしいと感じられるように。

大きくなる前に心地のよくない感覚に気づく

あなたが身体的な健康を自分で阻んでいるのを教えてくれる最初の兆候は、ネガティブな感情という形でやってきます。最初のサインであるネガティブな感情の段階では体調を崩すわけではありませんが、ネガティブな気持ちにさせているテーマにフォーカスし続けたら、徐々にdis-ease（苦痛の状態）、病気を引き起こしていきます。

ネガティブな感情は、望むウェルビーイングをどれだけ妨げているのかという波動の不調和を示すサインだということに、もしあなたが気づいていなければ、ほとんどの人たちのように、ある程度のネガティブな感情を受け入れてしまい、対処する必要があるとは思わないでしょう。危機感を抱くほどのストレスやネガティブな感情があったとしても、何をすればいいか、わからない人がほとんどです。なぜなら、自分が反応している外側の環境や状況はコントロールできないと信じているからです。そうした不快な状況はコントロールできないのだから、自分たちには感じ方を変える力がないと思っているのです。

理解してほしいのは、あなたの感情は、あなたのフォーカスしたものに対して反応しています。どんな条件下にあろうとも、よりましな思考、あるいはより嫌な思考を見つける力があるのです。そして、一貫してよりよい思考を選んでいたら、「引き寄せの法則」が着実によくなる結果をもたらしてくれます。身体的なウェルビーイング（健康と幸せ）を実現し、維持する鍵は、波動の不調和を教えてくれるサインに早い段階で気づくことです。初期の小さい段階で思考をフォーカスし直すほうが、「引き寄せの法則」がネガティブな思考の癖に反応して、もっと大変なネガティブな結果を引き寄せてからよりも、ずっと簡単ですから。

「もう二度とネガティブな感情を自分の中でもち続けない」と決意できたら、あなたはとても健康で喜びに満ちた人になれるでしょう。同時に、自分の気分をよくするために、相手に違う行動をしてもらおうとしたり、状況を変えてもらったりするのではなく、あなたの意識をフォーカスし直すのは自分にしかできないということを認識してください。それができたら、健康なだけでなく喜びに満ちた人物になれます。喜び、純粋な感謝、愛、そして健康はすべて同じことを表しています。恨み、嫉妬、憂鬱、怒り、病気もすべて同じ意味なのです。

関節炎やアルツハイマー病は治る？

ジェリー　関節炎で曲がった関節だったり、アルツハイマーによる記憶喪失というのは治るのでしょうか？　年齢を問わず、このようなタイプの病気から回復することは可能ですか？

エイブラハム　身体の状態は、純粋に思考のバランスを表す指標でしかありません。あなたの思考を変えたら、その指標も変わらざるを得ません。頑固でなかなか変わらないように思える病気は、思考が頑固で変わらないからです。

多くの人は、自分が目撃した「事実」や他人から教わったことをベースに、逆効果になる思考のパターンを覚えてしまいます。その（役に立たない）思考のパターンが根強いため、そうした思考が招く結果を体験することになるのです。そうすると、確かに形になった望まないことについて考えてしまうという、心地のよくないサイクルが起きます。「引き寄せの法則」によって、望むことではなく、望まないことを自分の人生に招き入れてしまうのです。それらの望まないことにフォーカスすることで、もっと望まないことが引き寄せられてきます。

どんな経験の中でも、変化を起こすことはできますが、そのためには、あなたの世界を違う視点で見なくてはいけません。現実をそのまま語るのではなく、望む物語を語る必要があるのです。思考や会話がどっちを向いているか、自分の感じるほうで判断して選ぶことです。そうすると、意図的に波動を放つことができるでしょう。あなたは、波動の存在です。認識していようが、認識していまいが、「引き寄せの法則」が、あなたが放つ波動に絶え間なく反応しています。

ジェリー　アルコールやニコチン、あるいはコカインのような化学物質は身体にネガティブな影響を与えますか？

エイブラハム　あなたの身体的な健康や幸せは、身体に何を取り入れるかではなく、それ以上に波動のバランスの影響を受けます。あなたの質問に関して重要なのは、アラインメント（調和した）状態であれば、バランスを損なうような物質に気持ちが向いたりしないということです。ほとんど例外なく、アラインメント（調和）から外れている状態だからそういった物質が欲しくなるのです。それらの物質が欲しいという衝動は、「波動のバランスがとれていない、空虚感を埋めたい」という願いから来るのです。

運動や栄養は健康要素？

ジェリー　たくさん運動したり、身体によい食事をしたりするのは、健康の足しになりますか？

エイブラハム　食べ物や、運動に気を配っていて、明らかに健康な人たちがいます。一方で、食べ物や運動に関してずっと頑張っているけど、努力が実らずに、なかなか健康を維持できない人たちもいます。何をするかは、あなたの思考や感情、波動のバランスやあなたが語る物語に比べたら、全く重要ではありません。

波動のバランスをとる時間をつくっていれば、物理的な努力は素晴らしい結果をもたらしてくれます。しかし、波動のバランスを先にとらなければ、どんなに努力をしても、あなたのエネルギーの不調和の埋め合わせをすることはできません。アラインメント（源との調和）の立場からは、有益な行動につながるインスピレーションを受け取れますが、不調和の立場からは、よくない行動しか思いつきません。

ジェリー　サー・ウィンストン・チャーチル（第二次世界大戦時の英国のリーダー）の言葉を覚えています。

「わたしは歩ける状況ならば、決して走らない。また立っていられるならば、決して歩かない。座れるならば、立ちはしない。横になれるならば、座りはしない」

そして、彼はいつも大きな葉巻を吸っていました。彼は90歳まで生きたし、知っている限りでは、健康でした。でも、一般的にわたしたちが考える健康的なライフスタイルではなかったように思うのですが……。それは、ただ観念によるものだったのですか？

エイブラハム　そんなに早く亡くなったのですか？（冗談）

健康的な生活を送るための正しい行動について、多くの人が混乱しているのは、行動の要素しか見ていないからです。すべての結果の要因でもあり、不可欠な要素を見落としているのです。それは、「あなたが何を考え、どんな感情を抱き、どんな物語を語るか」です。

健康な人がいつも疲れている場合は？

ジェリー　一見すると、健康そうだけど、いつも疲れていたり気力がなかったりする場合は、どうすればいいのでしょう？

エイブラハム　気力がなかったり、疲れていたりする状態のことを、「エネルギーが低い状態」と人はよく表現しますが、まさに言い得て妙です。ソース（源）のエネルギーから自分を切り離すことはできないものの、ソース（源）に反する思考をもったときは、結果として抵抗を感じたり、エネルギーが低いように感じたりします。あなたがどう感じるかは、どれだけソース（源）と調和しているか、あるいはどれだけソース（源）と調和していないか、常にそれを示しています。例外はありません。

あなたが望む物語（あなたの内なる源が常に語っている物語）を語れば、あなたは幸せになり、エネルギーが満ちるように感じます。エネルギーが低いように感じるのは、いつだって、拡大したソース（源）のエネルギーと調和したあなたの視点とは違う物語を語っている結果です。**人生のポジティブな側面にフォーカスした物語を語れば、エネルギーでいっぱいに感じます。ネガティブな側面にフォーカスした物語を語れば、気力が削がれるように感じます。**

現時点で、あなたの望みがまだ実現していないことにフォーカスすれば、ネガティブな感情になります。状況がよくなっているのを想像すれば、ポジティブな感情になります。あなたがどう感じるかは、あなたの本当の望みと、あなたが注意を向けている対象との関係によるのです。望むことを考えていれば、あなたが望む活力が得られます。

病気を引き起こす一番の原因は?

ジェリー　では、簡単な言葉で言うと、病気の一番の原因は何なのでしょう?

エイブラハム　**病気の原因は、望まないことについて考え、ネガティブな感情が起きてもそれを無視して、望まないことにフォーカスし続けることです。**ネガティブな感情が大きくなっても、無視して、望まないことに意識を向け続けると、「引き寄せの法則」によって、ネガティブな思考や体験が、もっと集まってきます。初期の段階で「不調和」の微細なサインは、感情に現れるのですが、それを無視することによって、病気が起こるのです。

ネガティブな感情が芽生えたら、思考を変えてそれを和らげなければ、その負の感情はどんどん大きくなります。次第にネガティブな感情が身体的な感覚となって現れ、それが体調を悪化させます。しかし、病気はあなたの波動の指標でしかないので、波動を変えたら新しい波動に合わせて指標も当然変化します。病気とは、エネルギーがバランスを崩していることを教えてくれる、身体的な指標でしかないのです。

「引き寄せの法則」が、彼らの思考に反応しているのが病の原因だ、というわたしたちの説明に、病気を抱える多くの人は反論します。自分のその病について、考えたことがなかったと、彼らは言います。しかし、その病気、あるいは何らかの病気について考えているから、病気になるのではありません。初めは微細な指標としてネガティブな感情が芽生えたものの、ネガティブな思考が続いたために、その思考が拡大したことを示す指標も大きくなった。病とは、その拡大したネガティブな思考の指標なのです。どんなテーマにおいても、ネガティブな思考は、抵抗です。新しい病気が次から次へと現れる理由は、そこにあります。病の本当の原因に取り組まない限り、完治することはあり得ません。

今のあなたの身体には、すべての病気の可能性があると同時に、完璧な健康状態である可能性があります。あなたの思考のバランスによって、どちらか一方を、あるいはどちらも混ざった状態を誘発させるのです。

ジェリー　つまり、あなたがたの視点で言うと、身体的な原因で、病気や病が起こるわけではないのですね？　すべては、思考が原因だと？

エイブラハム　行動やふるまいに原因がある、と信じたい気持ちもわかります。水がどこからやってくるのかを説明する際に、キッチンのシンクにある蛇口を指差して、「ここから来ていますよ」と言うのも間違っていません。でも、本当の意味で「水はどこからやってくるのか」を語るには、蛇口の向こうにもっといろいろあるわけです。それと同じように、ウェルネス＝健康、または病気を語るときも、もっと深い要素があるのです。「心地よい」楽な状態（ease）と、楽ではない「苦痛」の状態（dis-ease）は、あなたの思考のバランスの現れです。水が下流へと流れるように、最も抵抗が少ない道を通って、思考のバランスはきっと実現します。

健康に関する「過去の物語」の例

「気になる症状がいくつかあるけれど、心配だ。歳をとるにつれて、体力もなくなるし、不安定になって、健康も損なわれてゆくし、安心もできなくなってくる。自分の健康がどうなるのか、不安だ。いろいろと気をつけてきたつもりだけど、大して役に立っていない気がする。このまま時間が経てば、どんどん悪くなってくるだろう。両親もそうだった。だから自分の健康について、不安で仕方がない」

健康に関する「新しい物語」の例

「わたしの身体は、健康に対しての思考だけでなく、あらゆることに対して、自分の思考に反応する。気分のいい思考であればあるほど、自分自身のウェルビーイングを受け取れる。

わたし自身の長年の思考と、どう感じるかには、絶対的な相互関係がある。その思考を巡らせたときにどんな感情が芽生えたかも、絶対的な相互関係がある。そうした感情は、よりよい思考を選ぶための助けとなり、それがよりよい波動をつくり、より心地いい肉体をつくっていく。わたしの身体は自分の思考に反応しているのだと、知ることができて本当によかった。

自分の思考を選ぶのが、かなりうまくなってきている。どんな状況でも、思考を変える力を自分はもっている。身体の健康状態は、長年の思考の状態を教えてくれる指標に過ぎない。わたしには、どちらもコントロールする力がある。

胎児の細胞の塊から、成熟した人間の身体になっていくと考えると、肉体って本当にすごい。意識していないのに複雑な機能を果たしていることも、人間の身体の安定感、肉体を作る細胞たちの知性も、実に素晴らしい。

血管を流れる血や、肺の空気を動かすのも、自分の意識の責任ではなくてよかった。自分の身体がそのやり方を知っていて、しかもとても上手にやってくれるのはうれしいことだ。人間の身体は本当に素晴らしい。知的で、柔軟性があって、丈夫で、回復力もあって、物を見たり、聞いたり、嗅いだり、味わったり、触れたりすることができる。

自分の身体はよくやってくれている。この肉体を通して人生を探求できるのは最高だ。自分のスタミナも柔軟性も楽しんでいる。この身体で人生を送れるのもうれしい。

距離や奥行きによって、鮮明な感覚で形や色などを区別しながら、近くも遠くも、自分の目を通してこの世界を見られるのはとてもうれしい。聞いたり、嗅いだり、味わったり、感じたりすることができる、自分の身体の能力をとても楽しんでいる。この地球のさまざまなものを五感を使って、触れることができること、また、この素晴らしい身体で人生を生きられるのも最高だ。

傷を負ったときに、傷口を新しい皮膚が覆っていき回復していく様子を見ると、身体の自己治癒力に魅了されると同時に、感謝の気持ちを覚える。自分の身体の柔軟性、指の器用さ、どんな作業をするにも筋肉がすぐに反応するのも印象的だ。

わたしの身体は、どうすれば健康になるかを知っていて、常に健康に向かっている。そして、自分がネガティブな思考で邪魔さえしなければ、必ず健康が勝る。

自分の感情には価値があることを理解しているのはうれしいし、幸せな思考を見つけて維持する能力もあるので、身体の健康を実現し、健康を維持する能力があることもわかっている。

どんな日でもこの世界で、たとえ身体に不調があったとしても、とてつもなく多くの物事がちゃんと機能していて、わたしの身体の健康が優勢であることを知っている。そして、何よりも、自分の意識や意図に対して即座に身体が反応するのも、最高だ。精神、身体、スピリットのつながりや、意図的に自分が調和することによって、パワフルな創造ができる資質も素晴らしいと思う。

この人生をこの身体で生きられてうれしい。

この経験をさせてもらえて本当に感謝だ。

最高に気分がいい」

あなたが、どんなふうにポジティブな物語を語ったとしても、正解、不正解はありません。自分の過去でも、現在でも、将来の経験でも大丈夫です。唯一基準として意識してほしいのは、「**より心地よく感じられて、より改善されたバージョンの物語を語ろうとすること**」です。短くてもたくさんの、より心地よい物語を、1日を通して語っていれば、あなたの引き寄せポイントも変わるでしょう。覚えておいてください。あなたが語る物語が、あなたの人生の土台となります。なので、あなたが好きなように、語ってください。

Part 4

心と体重、健康に対する考え方

健康な肉体を楽しみたい

「あなたの身体に調和をもたらす」ことには、とてつもなく価値があります。その理由は次の二つです。

・最初に、自分自身の身体以上に人が思いを巡らせるものは他にないこと（どこにでも、あなたについてきますからね）

・次に、あなたのすべての視点、思考は、身体というレンズを通るので、すべてに対する考え方が、自分の身体のことをどう感じているかによって影響を受けていること

科学や医学は、心と身体のつながり、思考と、その結果には関係があることをなかなか認識してきませんでした。そのため、ほとんどの人が身体に関しての、大量の矛盾したガイダンスにのみ込まれています。認識している土台が間違っていれば、いろんなメソッド、薬、治療法があっても、一貫して証明できるような結果は出せません。

概念、願望、期待、これまで受けてきた影響、または今現在何に影響されているかなど、人それぞれあまりにも違いがあります。そのため、エネルギーの調和と一言で言ってもさまざまです。ですから「いつもうまくいく」治療法が存在しないことも不思議ではありません。そんなわけで、ほとんどの人が自分の身体について、とても戸惑っているのも、無理のないことです。

自分自身の感情のガイダンスシステムを活用するのではなく、代わりに他人の身体に起きていることを情報として集め、それを自分のエネルギーとの調和・不調和を把握するのに使うとします。それは、例えて言うと、外国の地図を見ながら、自分の国の道路の運転を計画するのと同じようなものです。その情報は、あなたとも、あなたが今いるところとも、全然関係がありません。

あなたは、わたしたちが知っていること（そして、宇宙の法則とも）と矛盾するような情報を、とてもたくさん与えられてきました。ですから、より大きな視点から、あなたとあなたの身体について話せることは、わたしたちにとって、すごく幸せなことです。どうすれば肉体的に健康で、望み通りの外見をもつ（マインド、スピリット、そして肉体面でも健全な）存在になれるのかということを、あなたがはっきりと理解できるように、サポートしたいと思います。あなたの思考と内なる存在（またはスピリット）の思考が調和するように、マインドを意図的に使ってフォーカスすると、あなたの身体そのものが、その調和の証拠となるでしょう。

自分の望みと経験のバランスをとりたい

あなたの身体を完璧な健康状態にもっていきたいなら、身体のことだけを考えて、働きかければいいというわけにはいきません。物質世界のあなたと、非物質世界の波動的な存在である「内なるあなた」とのつながりを理解せずに、自分の身体について、筋の通った理解をすることはできません。また、身体の状態を思い通りにコントロールすることも、できません。もしかしたら、口にする食べ物や運動といった行動の結果によって、心地がよい、そして見た目もいい身体になれるかのように感じるかもしれません。ですが、「物質世界のあなた」と「非物質世界の存在としてのあなた」が、波動的に調和することのほうが、実ははるかに大切なのです。

あなたという存在の全体像をつかんだうえで、波動的な調和を最優先にすることができれば、望む身体になって、それを維持することができてくるでしょう。しかし、他の人の状態や、彼らが経験していること、または彼らの意見を、あなたが健康になるための物差しにしてしまうと、あなた自身の身体の状態をコントロールすることはできません。つまり、「自分と自分という個人的な調和」を求めるよりも、他人の経験と照らし合わせることで、身体の基準を決めようとすると、決して「自分自身の身体をコントロールする鍵」を見つけることはできません。

他の人と自分の身体を比べる必要はない

「適切な身体の状態、もしくは最も望ましい身体の状態は、存在しない」ことを理解してもらいたいと思います。というのも、あなたがこの肉体に生まれたときに意図してきた身体の状態には、計り知れないくらい大きな多様性があるからです。もしも、意図がみんな同じだったら、同じような身体をもつ人がもっといたはずです。でも、そうはならなかったのです。あなたたちは、多種多様なサイズ、形、柔軟さ、機敏さをもって生まれてきました。人一倍力持ちの人もいれば、動きのより素早い人もいますよね。あなたたちがもって生まれた大いなる多様性は、あらゆる違いを全体に加えていくことで、とてつもない価値をもたらしています。その大いなる多様性によって、この時空間のバランスが強まるのです。

そこで、あなたにお勧めしたいことがあります。ほとんどの人がしているように、「これがない、あれがない」と、欠けているところがある存在として、自分のことを見るのではなく、ありのままの自分のよいところをそのまま見てもらいたいのです。自分の身体を評価したり、詳しく見たりするときには、長所を探すことに時間をたっぷり使うようにしましょう。その強みは、あなただけでなく、大いなる存在のバランスにとっても役に立つものなのです。

ジェリー　そういえば、わたしが（サーカスで）空中ブランコの訓練をしていたときのことを思い出します。わたしは、いわゆる「飛び手」と呼ばれる役をするには体重が重すぎるし、「受け手」になるにしては体重が軽すぎました。ですので、より体重のある受け手か、または、もっと軽い飛び手が入団してこない限り、わたしが空中ブランコを演じるのは、簡単なことではありませんでした。そういうわけで、同じ空中曲芸の中でも、誰もわたしのことを受け止める必要もなく、わたしも誰もキャッチしなくて済むようなエアリアルバーというものを演じていたのです。でも、わたしは自分のことを欠けている存在だとは、思っていませんでした。なぜなら、もっと大きかったらとか、もっと小さかったらよかったのにな、とは考えなかったからです。わたしは、空中曲芸師をやっていたら感じるであろう気持ち同じ気持ちでできることを、自分のやりたいこととして見つけていたのです。

［エイブラハム：いいですね。それは素晴らしいことです］

自分のことを完璧だと思えたら？

ジェリー　それでは、わたしたちの体重についての見方を、知能や才能にも当てはめることはできますか？　みんなが、自分自身のことを「完璧だ」と、見ることはできますか？

エイブラハム　あなたたちがどんな状態であっても、それを見て「完璧だ」とたたえることは、必ずしもお勧めしません。なぜかというと、あなたたちは、常に今の姿を超える何かを求めるからです。ですが、あなたが現在経験していることの中から、フォーカスすると気分よく感じるような側面を見つけると、内なる存在の視点と調和することになります。あなたの内なる存在は、絶えずあなたのウェルビーイングにフォーカスしているからです。わたしたちは、あなたの身体の状態を他の人たちの体に合わせようとするよりも、身体についてのあなたの思考とあなたの内なる存在の思考がぴったりと合わさるようにしてほしいのです。

望まないことに抵抗すると、もっと望まないことを引き寄せる

エイブラハム　「行動ではなく、思考によって創造していること」を理解していくにつれて、あなたはずっと少ない努力で、よりたくさんの願いを叶えられるようになるでしょう。苦労しなくなるので、はるかに楽しめるはずです。あなたは目を覚ましているすべての瞬間に思考を放っています。ですから、ポジティブで心地よい思考をする

癖ができると、それは最高にあなたのためになります。

あなたの社会では、生まれてすぐに、「望まないものに対して、気をつけるように」と言われはじめます。そうして、時間とともに用心深くなる人がほとんどです。「麻薬との闘い」「エイズとの闘い」「ガンとの闘い」など、ほとんどの人は望まないものを打ち負かすことで、望むものが手に入るのだ、と心から信じています。それによって、望まないものを自分から押しのけることに、多くの注意が払われるようになります。ここで、わたしたちと一緒に引き寄せの法則の観点で見てみると、つまり、自分の思考によって引き寄せることになると理解できれば、多くの人がいかに逆効果なアプローチをしているかが、わかるでしょう。

「わたしは病気で、病気は嫌です。なので、この病をやっつけます。――この行動を起こすことで、この病気を打ち負かします」と言うと、その警戒心と防衛的な態度、そして、ネガティブな気持ちによって、その病気にしがみついてしまうことになります。

「足りない」ことに注意を向けると、「足りない」をもっと引き寄せる

エイブラハム　すべての事柄には、実は二つの側面があります。あなたが望んでいることと、それが欠けていることです。身体に関していうと、あなたが考える思考のすべてが、身体の視点というフィルターを通ります。ですから、もし望むような心地よさを感じる身体ではなかったり、望み通りの見た目ではなかったりすると、多くの思考（非常にアンバランスな割合の思考）が、本当に望んでいる側面ではなく、望んでいることが欠けているという側面に向かって偏るのも自然なことです。

「それがない状態」からのスタートだと、ない状態をもっと引き寄せるだけです。そこに、ダイエットがたいていうまくいかない理由があるのです。自分の脂肪を意識していて――自分の見た目が望むような姿ではないことに気がついている状態です――もうこれ以上耐えられなくなるくらい嫌なところまできて（あなた自身から見て、もしくは、誰かに嫌な顔をされたからかもしれません）、あなたはこう言います。

「こんなネガティブな場所は、もう我慢できない。ダイエットしよう。この望んでい

ないものを全部落としてしまうんだ」。それでもやはり、あなたの注意は望んでいないものに向けられていますよね。ということで、それをもち続けることになってしまうのです。すべての意識を望むものに向けること。望まないものに向けるのではなくて、です。それが望むところにたどり着く方法です。

恐れの種を植えると、恐れはもっと育つ

ジェリー　わたしの大切な友人で、ビジネスのメンターが、医療研究ボランティアに参加しました。彼はとても健康だと言っていましたが、多くの同年代の男性がある特定の病気で命を失っているので、研究に参加することで役に立てるのではないかと話していました。それから数週間しか経っていなかったと思いますが、彼から連絡がきました。なんと、その病気だと診断された、と言うのです。彼はもうこの世にはいないのですが、生前この病気を恐れてはいませんでした。単にフォーカスしていただけで、彼はこの病気を創造してしまったのでしょうか？

エイブラハム　彼が意識を向けたことが、原因です。彼は他の人たちの役に立ちたいという意図をもっていたので、身体のあちこちをついて徹底的に調べることを許しました。あちこちを徹底的に調べ回されたことで、病気になる可能性を認識するほどに周囲の思考に十分に影響されました。可能性だけではなく、なる確率をも認識するほどに刺激されたわけです。病気になる確率の種が植えつけられ、あちこちをついて徹底的に調べて探させることで、彼の身体が、その思考のバランスに反応したのです。

とてもわかりやすい例ですね。その病気に意識を向けるまでは、彼の中にその病気はなかったのですから。彼の意識がその病気に向いた途端、身体がそのように反応したわけです。

健康の可能性も、病気の可能性も、いつもあなた次第です。あなたが選ぶ思考が、あなたがどんな体験をするか、どれくらいそれを経験するかの決め手となります。

病気に注意を向けると、病気を引き寄せる？

ジェリー　病気に関する思考は、どの程度なら巡らせても大丈夫なのでしょうか？

例えば、テレビで無料の身体検査を提供しているという情報に触れたとしましょう。「特に身体に問題はないけれど、無料なら、やってもらおうかな」とその人が思ったとします。思考を刺激した結果、望まない結果が現れるという話もありましたが、そうなる確率はどれくらいなのでしょう？

エイブラハム　ほぼ１００％です。病気に向けられた関心によって、さまざまな病気が社会に蔓延しているのです。これだけの医学的な技術をもってしても、これだけのツールや発見があるにもかかわらず、深刻な病に悩まされている人が増えています。深刻な病気の流行は、主にみなさんが病気に関心を向けているからです。

あなたは、病気に関する思考を「どの程度なら巡らせても大丈夫か？」と聞きましたね。わたしたちは、こう思うのです。食べるものや着るもの、どんな車を運転するかは、こだわりがあるのに、なぜ思考についてはこだわらないのでしょうか。わたしたちは、「何を思考するかに、こだわること」を勧めます。物事におけるあなたの望みと調和する側面に思考を保つようにしてください。健康について、考えてくださ い。健康が損なわれることではなく、なりたい自分について考えてください。「そうなっていない自分」ではなくて、です。

病気に対するネガティブな関心だけで、病気が生まれ、それが長引くのではありません。病気は、自分は弱い存在だという感覚や、防衛的な感覚から生まれるのです。健康だけでなく、すべてのテーマにおいて思考を望むほうに向ける練習をしてください。そして、より改善された感情をもてるようになってくれれば、あなたのウェルビーイングも保証されます。

基本的に健康にフォーカスできているか？

ジェリー　また別の親しい友人が最近、健康状態がひどく衰えてきた義理のお母さんと同居するために、改築して部屋を設けました。義理のお母さんは、自分がどれだけ不快に感じているか、具合が悪いか、自分の人生がどれだけ不幸せなものか、この手術がどうだとか、あの手術がどうだとか、などと語っていたそうです。

今度はその友人の85歳の実のお母さんが、休暇を過ごすために訪ねてきました。それまで入院したことのないお母さんですが、ずっと病気の話をしている義理のお母さんと過ごしていて、1週間も経たないうちに体調が劇的に悪くなりました。実のお母さんは入院することになり、介護施設に移りました。たった数日の間、ネガティブな影響を受けただけでも、健康を著しく害することはあるのでしょうか？

エイブラハム　病気も健康も、その可能性はいつでもあなたの中にあります。注意を向けたことが何であろうと、それはあなたの中で育ちはじめ、その思考のエッセンス（要素）が現実化します。思考は、とてもパワフルなものなのです。

必ずしもそうである必要はないのですが、85年も生きていると、たいていの人は自分たちの身体に関するネガティブな影響を相当受けています。みなさんは、健康を害する思考を常に浴びせられているわけです。医療保険に入らなければいけない、葬式保険も入っておいたほうがいい、遺言をちゃんと準備しておいたほうがいい、などなど。ですから、お友達のお母さんは、一緒に滞在していた義理のお母さんから、初めて健康を損なうネガティブな影響を受けたわけではありません。

そして、そのお母さんは長く生きられるかどうかについて不安定な気持ちで、すでに瀬戸際にいました。そういうわけで、義理のお母さんの強烈な会話と、周囲の人の反応がきっかけで、思考のバランスがネガティブに傾き、すぐに症状となって現れるまでになったのです。そして、彼女は自分のネガティブな症状に注意を向け、強烈な環境の中だったこともあり、なおさら早く、症状が悪化したというわけです。

誰かがやってきて、健康ではなく病気に対する思考ばかりを刺激するとき、ウェルビーイングではなく、そのウェルビーイングが失われていることへと思考を刺激するとき、自分を弱い存在だと感じたり、自分を守らなければいけない感覚や、怒りすら覚えるとき、あなたの身体の細胞はその思考のバランスに反応しはじめます。ですから、数週間だろうが、たった数日、あるいは数時間だったとしても、ネガティブなプロセスは始まり得るのです。あなたが生きている現実はすべて、あなたの思考の結果です。例外はありません。

他人の症状を自分の経験として採用する必要はない

エイブラハム　周りの人の身体に現れている症状を見たら、多くの場合は、その身体の症状が、あなたの思考よりもよりリアルに感じられるものです。

「エイブラハム、でも、本当の現実なんですよ。ただの思考ではないんですけど」

このように、あたかも本当の現実と思考がまったく無関係であるかのごとく、わたしたちに言うかもしれません。でも、覚えておいてほしいのは、宇宙は、現実について考えている思考でも、想像している思考でも、それらを区別をしないのです。**宇宙と「引き寄せの法則」は、単純に「あなたの思考に反応」しています**。それがリアルでも、想像したものでも、現在、過去のものでも。あなたの周りで起きていることは、誰かの思考が引き寄せた現実でしかありません。その人自身の思考で引き寄せて創造しているものに対して、あなたが恐れたり、不安になったりする必要はないのです。

変えられない状況は、何一つありません。身体がどんな状態であろうが、どれほど悪化していようが、健康になれます。しかし、「引き寄せの法則」を理解している必要があります。感情というガイダンスを理解し、いい気分になることに意図的にフォーカスしようとしなくてはなりません。あなたが考えていることに、身体が反応していることがわかれば、そして、望むことに思考を向け続けられたら、すべてよくなります。

みんなが健康を維持できるよう、よい影響を与えるには？

ジェリー　では、完璧な健康を維持したり、健康を取り戻したり、または周りの人たちが完璧な健康に向かうような影響を与えるには、どうするのが一番でしょうか？

エイブラハム　実は、健康を取り戻すのも、健康を維持するのもプロセスは同じです。いい気分になることに、もっとたくさんフォーカスしてください。健康を取り戻すことと維持することの一番大きな違いは、嫌な気分のときよりも、いい気分のときのほうが、気分がよくなる思考をしやすいということです。だから、健康を取り戻すよりも、健康を維持するほうがずっと簡単なのです。他人によい影響を与える一番の方法は、あなたが健康に生きることです。病気になってしまうような悪い影響を他人に与える一番の方法は、あなたが病気になることです。

今望まない状況に置かれている人からすると、「ただいい気分になる思考を探しなさい」と言われても、単純すぎると思うかもしれません。でも、絶対に約束できるのは、もし、あなたが意図的に気分のよくなる思考を選ぼうと決意して、自分の気分を和らげることができたら、あなたを悩ませているどんなことでも、すぐに改善される兆しが見えはじめるでしょう。

眠りとリラックスで、健康に導く

エイブラハム　絶対的なウェルビーイングが、あなたの自然な状態です。もう病気と闘う必要はないのです。ただリラックスすることで、自分を健康へと導いてください。今夜寝るとき、横になって、ベッドの素晴らしく心地よい感覚を味わってください。身体を伸ばせるほど大きなベッドがあること、首を支えてくれる枕があることも感じてください。寝具の肌触りも感じてください。いい気分になることに意識を向けてください。

心地いいことを考えている間は、病気に燃料が注がれることはありません。いい気分になることを考えている間は、病気の進行を止めています。逆に、病気のことを考えている間は、病気の火を燃やす燃料を少しずつ足していることになるのです。

5秒間、いい気分になることを考えることができたら、5秒間は病気に燃料を送らずに済んでいます。10秒間達成できたら、10秒間は、病気に燃料をくべずに済んでいます。今いい気分だ、そして健康が本来の自然な状態だと考えれば、健康に燃料をくべはじめています。

ネガティブな感情は不健康な思考のしるし？

エイブラハム　病気のことを考えるとネガティブな感情になるのは、あなたの思考がソース（源）の大きな知識からかけ離れていて、「本当のあなた」と共鳴していないからです。病気に対しての心配、怒りや恐れといったネガティブな感情は、あなたと「本当のあなた」の間のエネルギーの流れを強く阻んでいることを教えてくれます。

内なる存在から流れてくる非物質世界のエネルギーを完全に受け取れてこそ、健康でいられるのです。「わたしは健康だ、わたしは健康を取り戻している、わたしは完全だ、健康がわたしの自然な状態だ。」このように考えれば、内なる存在と調和する波動をもつ思考なので、内なる存在から得られるエネルギーの恩恵を惜しみなく受け取れるのです。

すべての思考は、波動を放っています。だからこそ、気分がよくなる思考にフォーカスしていけば、同じような気分のよくなる思考が次から次へと引き寄せられてきます。こうして波動がどんどん高くなれば、内なる存在があなたを完全に包み込んでくれるところまで到達できるでしょう。そうすれば、ウェルビーイングの場所にたどり着けますので、身体の器官も素早く追いついてくるでしょう。絶対そうなることを約束します。あなたは、劇的な身体の回復を目の当たりにしていきます。なぜなら、これは法則ですから。

どれくらい自分の身体をコントロールできる？

ジェリー　この章のテーマは、「心と体重、健康に対する考え方」ですが、どうやってそこに到達して、維持することができるでしょうか？　圧倒的多数の人たちが、自分自身の体重や心身の健康状態に対して、心配を抱えています。それだけの人たちが、健康不安に多くの関心があるので、みなさんが心配なのは理解できます。

わたしは、幸い子どもの頃、自分自身の身体をコントロールできると認識していました。9歳くらいのときに、地域のカーニバルに行ったのを覚えています。そこでは、プロのボクサー二人が挑戦者を募って対戦していました。つまり、地元の農家の人がお金を払って、リングに上がって闘いを挑み、勝てばそのお金をもらえるという仕組みでした。でも、農家の人は、めった打ちにされるわけです。

小さな布地のテントの中で、灯油かガスのランプの灯りが、プロボクサーたちの背中の汗に、キラキラ反射している様子を立って見ていたのを覚えています。ボクサーの背骨が、美しい筋肉に覆われて見えないことに、うっとりとしていました。わたしはといえば、地元アーカンソー州のマスコットのイノブタのような感じでした。わたしは、筋肉がない分、背骨がくっきりとあらわになっていたのに、彼は美しい筋肉に覆われて背骨が見えなかったのです。彼らの美しい背筋を眺めているのは、実に楽しかったです。あの日にあれを見られたことに、感謝しています。8年ほどで、わたしの背筋もあんな感じになったし、あの経験から、「自分の身体を作るのは可能なのだとわかった」からです。

幼少期に大きな病気を経験したことで、なぜだか自分の健康をコントロールできるようになりました。何人かの医者にかかって実験したのですが、彼らの診断と治療がほとんどの場合、間違っていました。自分が信頼できる医者を見つけることができなかったので、「医者にかからないほうが自分にとってはいいのだ」と、すぐに悟りました。わたしの助けにはならないことがほとんどだったので、自分のことは自分で解決しようと決めました。

それでも、身体がどれくらい持ちこたえるのか、将来の状態について考えることもあります。ベスト体重や完璧な健康と、健全な心を保つことは可能でしょうか？今この状態を保っていますが、常にこれを維持できるだろうかと、時折考えてしまいます。この一般的なテーマについてぜひ教えてください。

エイブラハム　あなたの身体と心は、常につながっていますから、あなたの言葉選びは素晴らしいと思います。**あなたの身体は一貫して、あなたの思考に反応しています**。はっきり言って、あなたの思考だけに反応します。あなたの身体は、あなたが何を考えているか、その思考を純粋に反映しています。あなたの思考以外で、あなたの身体に影響を与えるものはありません。そして、幼い頃にあなたは自分の身体のコントロールができるということを、ある程度体験し理解できたのはよかったですね。

あなたが考えていること、現実で起きていることには、絶対的な相互関係があるのを意識的に認識すれば、やがてすべての条件において、あなた自身の経験をコントロールすることができるでしょう。あなたの望まないことではなく、望むことだけを引き寄せるために必要なのはこれだけです。ずっと欲しいと思っていたコントロールするすべはすでに、自分自身がもっているということに気づくだけでいいのです。そして、自分の人生に望むことを意図的に考えるのです。

身体が衰えていくと考えると、いつだって嫌な気分になります。なぜなら、誰も衰えたくないからです。ですから、あなたのガイダンスを活用して、気分のいい思考を選んでください。そうすれば、時間を重ねることへの心配もなくなりますから。このように決断するという、実にシンプルなことです。

「わたしだけが、絶対的に自分の身体のコントロールができることを認識したいと思う。わたしを創り上げるのは、わたし自身の思考だ、と知っている」

あなたは、ベースにあるのは自由で、探求するのは喜びで、人生経験で得られるのは成長である、という知識（希望でも、願望でもなく、深い理解）をもって生まれてきました。**自分はすでに完全であり、さらなる高みを目指している存在だと知って生まれてきたのです**。

意識して新しい骨や筋肉を作ることはできるの？

ジェリー　若い頃に、意識して意図的に筋肉を大きくしたいと思って実践していました。骨にも意識して影響を与えることはできるのでしょうか？

エイブラハム　可能です。同じようにできます。違いとしては、筋肉に関しては可能だという、現在の観念をもっている点です。骨に関して、現在はその観念がありません。

ジェリー　確かにそうですね。巨大な筋肉を作り上げた男性を見たことがあって、わたしもそうなりたいと思いました。他にも多くの人がやっていたので、自分もできると思いました。でも、骨を変えたケースは見たことがありません。

エイブラハム　今の社会で変化が早く起きない理由は、ほとんどの人が主に「今起きていること」に、注意を向けていることです。変化を起こすためには、「現状」を超えた先を見なくてはなりません。

証拠を見ないと信じられないようでは、進化もとんでもなく遅くなってしまいます。「誰かが創造するのを待たないと、信じられない」ということになりますから。しかし、宇宙と「引き寄せの法則」が、あなたが頭で想像していることに、実際に観察していることと同じくらいの速さで反応するということを理解していれば、誰かが達成するのを待つまでもなく、新しい創造ができるでしょう。

ジェリー　つまり、誰が「先駆者」になるのか。誰が最初になるのかということが難しいところですね。

エイブラハム　最先端は、ビジョンとポジティブな期待が求められますが、この最先端こそ、最もパワフルな高揚感が味わえる立場です。疑うことなく何かを望むという状態が最も満足な経験ですが、逆に望んでいるのに達成できないと信じていたら、気分はよくありません。信じられなかったり、疑いをもったりすることなく、矛盾せずに常に望むことだけを考えられたら、宇宙は速やかにあなたの望みに応えてくれるでしょう。そうするうちに、意図的な思考のパワーを実感してきます。

しかし、そのような「純粋な」思考には、練習が必要です。そして、現状を観察するのを減らして、もっと自分が望む経験を思い描く時間を増やさなくてはなりません。身体的な経験の、新しくよりよくなった物語を語るためには、あなたが生きたい人生経験を語ったり、考えたりしなくてはなりません。

あなたにできる最もパワフルなことは、自分が望む人生を毎日思い描く時間をとることです。そうすれば、どんな行動よりも大きなレバレッジ（てこの原理）が得られるでしょう。毎日15分、一人になれる静かな環境で、目を閉じたまま、思い描くようにしてください。あなたの望む身体、環境、人間関係、人生を楽しめる形で思い描く時間をつくってください。

未来や過去がどうだとかは、まったく関係ありません。そして、他の人の経験は、あなたの経験とも無関係です。あなたが望むようにあるために、過去や他人などのすべてと、自分を切り離して考えてください。

願望が、これまでの概念を覆したときは？

ジェリー　人は何千年も走ってきましたが、1マイル（1609・344メートル）を4分で走る人はなかなか現れませんでした。そんな中、ロジャー・バニスターという選手が初めて4分の壁を破ったら、その後は数多くの選手が「1マイル4分」で走れるようになってきました。

エイブラハム　「**誰も成し遂げたことがないからといって、無理だとは考えないこと**」は、他の人にとって大きなメリットです。なぜなら、ひとたび壁を破って創造すると、他の人もそれを観察して、いずれ彼らも期待したり達成したりできるようになるからです。だからこそ、あなたが達成することすべてが、社会にとって価値があるのです。

みなさんの人生を進歩させる舞台は、拡大し続けています。そのおかげで、みなさんにとっても人生はどんどんよくなっています。しかし、それが実現する前でも信じることができるように、あなたがたを導きたいと思っています。あなたが信じたら、それを目にすることができるとわかってほしいのです。どんなことであろうが、自然に思えてくるくらい、頭の中でその考えを巡らせていたら、必ず物理的に実現するでしょう。「引き寄せの法則」が、それを保証します。

誰かが実現するか、実現可能だと証明するのを待つ必要がないと気がつけば、とても大きな解放感を得られるでしょう。新しい思考を実践して、より気分がいい感情を探す中で、宇宙が届けてくれる証拠を見ていくようになると、あなた本来のパワーに気づけるようになってきます。もし誰かに、あなたは不治の病に侵されていると言われたとしても、自信をもってこう言えるでしょう。

「わたしがどう生きるかは、わたしが決めます。なぜなら、わたしの人生経験を創造するのは、わたしだからです」。そして、あなたの望みが十分に強いものであれば、あなたのネガティブな概念を上回って、回復に向かうでしょう。

これは、持ち上げられないほど重いものの下敷きになった子どもを助けようとする母親の話に似ています。子どもを救いたいという強烈な願望があったので、母親は、すごい重さのものを持ち上げることができたのです。普通だったら、絶対に持ち上げられないようなものですが、とてつもなく強い願望があったからこそ、彼女の普段の観念は、まったく関係なくなったわけです。

もし、その母親に、「これを持ち上げられると思いますか？」と聞いたとしたら、「もちろん、無理に決まっています。荷物がいっぱい詰まったスーツケースでさえ、持ち上げられません」と答えるでしょう。でもこの場合では、観念などはまったく関係なかったのです。彼女の子どもが死にそうだった。下敷きになっている子どもを救い出したい一心で、持ち上げたのです。

もし危険な細菌を信じている場合は？

ジェリー　健康でいたいのですが、同時に何かの病気に感染するかもしれないという観念もあります。入院している人を見舞うために病院を訪れるときも、細菌を避けるために息を止めながら、廊下を歩いています。

エイブラハム　それだと、いつも、とても短い滞在になるのでしょうね（笑）。

ジェリー　本当に、そうなんです。いつも滞在は短くして、できるだけ窓のほうへ行って、新鮮な空気を吸うのです。息を止めることで細菌を避けられると信じていたら、その観念で病気を遠ざけることはできますか？

エイブラハム　あなたはその面白いやり方で、波動のバランスを保っていると言えます。健康を望んでいるけど、細菌のせいで病気になると信じていて、細菌を避ければ病気も防げると信じているので、あなたなりのバランスがとれてはいます。ただ、苦労する方法をあなたはとっていますね。

あなたのガイダンスシステムにちゃんと耳を傾けていたら、健康を損なう可能性のある細菌がいる、と信じている環境には行かないはずです。病院に行くときに感じる恐れは、波動を調和させずに行動していることを教えてくれる指標なのです。単純に病院に行かない、ということもできます。でも、お見舞いに行ったら、病気の友達が喜んでくれることを知っているので、あなたは、それだと気まずく感じるはずです。

ですから、恐れの気持ちが生じない形で、友達のお見舞いをする方法を見つけることです。つまり、まず波動を調和して整えてから、病院へ行くという行動をとるのです。そのうち、あなた自身の健康を信じられるようになってくるし、健康に対する願望がよりはっきりとするので、どんな環境でも健康を脅かされるとは感じなくなるでしょう。

本当のあなたと調和している状態で、あなたのパワフルなガイダンスが教えてくれることをしっかり聞いていたら、健康が脅かされるような環境に身を置くことは決してないはずです。残念ながら、多くの人は他の人を喜ばそうとして、自分のガイダンスシステムを無視してしまいます。あなたの先ほどのお話のように、二人の人が病院に行ったとしましょう。一人は健康に対しての不安がなく、もう一人は健康が脅かされると、とても不安を感じている状態です。前者は病気になりませんが、後者は病気になるでしょう。病院にいる細菌のせいではなく、その人の健康に対しての感覚と、波動の関係性のためです。

わたしたちは、あなたの観念を変えようとしているのではありません。なぜなら、あなたの観念が不適切だと思っていないからです。わたしたちの望みは、あなたの望みと観念の間で波動のバランスがとれるように、あなた自身の感情というガイダンスシステムを認識してもらうことです。「正しい」行動というのは、あなたの意図と現在の観念が、調和していることをすることなのです。

ジェリー　では、いわゆる「自己中心的・自分勝手な道を選ぶ」のは、悪いことではないのでしょうか？

エイブラハム　他人を喜ばそうとして、自分のガイダンスシステムを無視する人が多くいます。他人ではなく自分を喜ばそうとする大胆さがあると、それを「自己中心的だ」とか「卑怯だ」と言う人も多いでしょう。人はえてして（あなたが相手の自己中心的なあり方に貢献しようとしないから）あなたのことを「自己中心的な人だ」と言います。しかも、それが偽善的な要求であることに、本人たちは気づいていません。

わたしたちが「自己中心的」になるよう教えていると、時々非難されることがありますが、それは事実です。もし、ソース（源）の本当のあなたとの調和を保つために、自分の波動を大切にして自分を中心にしなければ、誰かのためにはなり得ないのです。

他の人が「自己中心的だ」とか「卑怯だ」とあなたのことを言うときは、彼ら自身の波動が、明らかにバランスを崩しています。あなたの言動を変えたとしても、彼らのバランスを取り戻すことはできません。

あなた自身の身体の健康について、考えたり話したりするほど、健康の波動のパターンが揺るぎないものになっていくでしょう。そして、「引き寄せの法則」がその観念をサポートし、強めるものを集めて届けてくれるでしょう。あなた自身のウェルビーイングの物語を語れば語るほど、あなたは傷つきやすさを感じなくなってきます。引き寄せポイントも変わってくるので、違う結果や状況を引き寄せるし、起きることに対しての感じ方も変わってくるはずです。

自分の「好き」に導かれている

エイブラハム　望む人生へ向かう唯一の道は、抵抗のより少ない道、あるいは最も受け取ることのできる道です。つまりあなたのソース（源）、あなたの内なる存在、本当のあなた、あなたのすべての望みとのつながりを受け入れることです。

そして、それが受け取れていると、いい気分として感情が教えてくれます。いい気分でいることを、最優先して一番大事にしていれば、自分が望む健康と調和しない会話をしたときに、嫌な気分になります。それが、抵抗が生じたことを示す警鐘なので、そのときに気分がよくなる思考を選べば、軌道修正できます。

ネガティブな感情を感じるときはいつも、この瞬間あなたが抵抗のある思考を選び、ウェルビーイングの流れを遮っていることをガイダンスシステムが教えてくれていいます。抵抗の思考で遮らなければ、そのウェルビーイングの流れをたっぷりと受け取れます。ネガティブな感情は、まるであなたのガイダンスシステムが「ほら、またやっていますよ。ほら、また。ほら、また」と、言っているかのように、望まないものを引き寄せていることを教えてくれているのです。

多くの人はネガティブな感情を放置することで、自分たちのガイダンスシステムを無視しています。そうすると、広い視点（ソース）からの導きが得られなくなってしまいます。でも、人生経験を通して望むことがはっきりすれば、反対の方向を見たり、望みが叶っていないことに注意を向けたりしたら、必ずネガティブな感情になるはずです。願望が一度生まれたら、いい気分でいるためには望みに目を向けなくてはいけません。なぜなら、人生を通して明確になった望む自分から、前の自分まで逆戻りすることはできないからです。特定の身体のコンディションや、健康になりたいという願望がはっきりしたら、それが実現していない状態にフォーカスすると、必ずネガティブな感情になります。

ネガティブな感情になったときは、考えていること、やっていることをいったんやめて、自分にこう聞いてみてください。

「わたしが望んでいることは、何だろう？」

自分が望んでいることに意識を向けたので、ネガティブな感情はポジティブなものに変わってきて、ネガティブな引き寄せはポジティブな引き寄せに変わり、軌道修正ができるようになります。

まずは自分を喜ばせることが大事

エイブラハム　しばらくの間、特定のことに思考を巡らせていると、いきなりこれまでの思考の方向を変えるのは、簡単ではありません。なぜなら、「引き寄せの法則」が、考えていることにマッチした思考を集めてくるからです。あなたが感情的にネガティブなモードになっているときに、ネガティブな状態にいない人は、あなたのネガティブな見方に同意してくれないこともあります。

そうすると、あなたはより一層自分の立場を守りたくなるでしょう。自分の意見を正当化しようとしたり、守ろうとしたりすると、抵抗の状態が長く続くだけです。不必要にそうした抵抗の状態に身を置き続ける人がすごく多いのは、いい気分になるよりも「正しく」ありたいと、みんなが思うからです。

自分の正しさをわからせようと躍起になっている人たちに会うと、彼らはあなたを納得させるために、ネガティブな会話から抜け出せないようにします。その人たちの話を聞いて同意しないと、「冷たい人」あるいは「思いやりがない人」と思われるかもしれません。

でも、いい気分（あなたの広大なソースの視点と調和した思考を選ぶといい気分になります）を犠牲にして、ネガティブな友達の愚痴を聞いて喜ばせようとしてしまうと、あなたは大きな代償を払うことになります。しかもそれは、彼らにとっても得にはなりません。お腹のあたりで感じる心地の悪い違和感は、あなたの内なる存在がこう言っているのです。

「この行動、この会話は、あなたの望みと調和していませんよ」と。

まずは、「自分自身を喜ばせること」を最優先にしましょう。そうでないと、あなたの周りのネガティブなことに、巻き込まれることになります。

死ぬのに適切なタイミングはあるの？

ジェリー　１００歳に近づいてきたとして、身体の状態をコントロールできなくなるような限界はあるのでしょうか？

エイブラハム　あなた自身の考える限度が、唯一の限度です。すべて自分で決めています。

ジェリー　死ぬのに適した時期というのは、あるのでしょうか？　もしあるとするならば、いつでしょう？

エイブラハム　「あなたの意識の終わり」というのはないので、本当の意味での「死」というのも、存在しません。ただ「あなた」として認識している、この身体を通して意識が流れる時間に終わりはきます。

この身体としてのフォーカスをいつやめるかは、あなたにかかっています。いい気分のテーマにフォーカスすることを学び、興味がそそられたり、ワクワクしたりすることや環境を探し続ければ、あなたの肉体で生き続けるうえで、寿命という限界はありません。しかし、ネガティブなことにフォーカスし続け、ソース（源）のエネルギーの流れとのつながりが絶たれ続けたら、あなたの肉体での経験は短くなるでしょう。

なぜなら、身体の組織は、ソース（源）のエネルギーからの補給がないと、長くは維持できないからです。あなたのネガティブな感情は、ソース（源）のエネルギーの補給が断たれていることを教えてくれるサインです。気分よくなって、長生きしてください。

死はすべて、ある意味で自ら選んでいるのか？

ジェリー　では、すべての死はある意味で「自殺」と言えるのでしょうか？

エイブラハム　そういう言い方も、できるかもしれません。あなたが経験することはすべて、あなた自身の思考のバランスの結果で、誰もあなたの代わりに考えたり、波動を放ったりすることはできません。人生で起きるすべての経験は（物質世界で死と呼ばれていることも）自分自身で招いています。ほとんどの人は、死のうと決めたわけではなく、ただ生き続けようと決めなかったのです。

ジェリー　死のうと決めて、いわゆる自殺と言われるような形をとった人たちに関してはどうですか？

エイブラハム　意図的にフォーカスしようと決めた思考でも、単になんとなく観察したことで芽生えた思考でも、違いはありません。どちらにしても、思考が波動を放っているわけなので、その思考が引き寄せた結果を収穫することになります。意図的であろうが、なかろうが、常にあなたは自分の現実をつくっています。

いろいろな理由で、あなたの行動をコントロールしようとする人たちはいます。あなたの個人的な経験に関してさえも、あなたの行動をコントロールしたいと思う人もいます。でも、他人をコントロールすることはできないので、そのフラストレーションは大きなものになるうえ、コントロールをしようとする試みも努力も、無駄に終わるのです。だからこそ、「自殺」という形で物質世界の経験から意図的に立ち去るという考えは、多くの人にとって心地が悪いのでしょう。でも、理解してほしいのは、自ら命を絶ったとしても、意図的に物質世界から去ったとしても、意図せずに出ていったとしても、存在がなくなるわけではありません。あなたという永遠の存在はずっと続きますし、去ったばかりの物質世界の経験を愛と感謝の思いで振り返っているのです。

物質世界での経験に対して、憎しみを抱えている人たちは、慢性的にソース（源）とウェルビーイングとのつながりが断たれます。それがその人たちの死の原因となります。単に、この人生にフォーカスして、とどまる理由が見つからず、非物質世界に意識を向ける人たちもいます。それがその人たちが亡くなる理由です。

エネルギーや思考、源との調和の理解がない人たちで、気分をよくしたくても慢性的に苦しみのある人生から脱する方法が見つけられず、意図して非物質世界に戻ることを選んだ人たちもいます。いずれの場合にせよ、あなたがたは永遠の存在ですから、非物質世界に再び戻ると、完全かつ生まれ変わった状態になり、本当のあなたと完璧に調和するのです。

ジェリー　それなら、ある程度は、自分の寿命をそれぞれが選んでいるということでしょうか？

エイブラハム　あなたは喜びをもって拡大し生きることを意図して、生まれてきたのです。あなたが、ガイダンスシステムを無視するときは、ソース（源）とつながることができなくなる思考ばかりが見つかります。そうすると、あなたを満たしてくれるソース（源）のエネルギーの流れを断ってしまいます。ソース（源）のエネルギーのサポートなしでは、あなたは衰えてしまうのです。

体重を管理する方法は？

ジェリー　体重を自分の望むようにコントロールしたいと思っている人に、お勧めの方法はありますか？

エイブラハム　このテーマにおいては、あまりにも多くの観念があります。多くの違う方法が試されてきましたが、体重が思うようにコントロールできずに悩みながら、いろんな方法を試しても、あまり成功が長続きしないことがほとんどです。そのため、かれらは、「体重はコントロールできないものだ」、と信じるようになってしまいました。その観念があるため、体重をコントロールできないわけです。

なので、わたしたちは、ビジュアライゼーション（視覚化）をお勧めします。自分がなりたい姿を思い描き、自分自身をそう見ることによって、それが引き寄せられます。自分のことを望むように見ることができたら、他の人の考えや反応もすぐにそうなるし、それを確信させてくれるような状況や出来事が簡単にやってくるでしょう。「自分は太っている」と感じていたら、スリムな自分は引き寄せられません。貧しいと感じていたら、豊かさは引き寄せられません。今のあなた（あなたが感じている自分の状態）があなたの引き寄せの土台となります。そのため、「よくなるときは、どんどんよくなるし、悪くなるときは、どんどん悪くなる」のです。

何かに対してネガティブな感情が生まれたら、頑張って何とかしようとか、すぐに解決しようとしないでください。なぜなら、それに対してのネガティブな関心が、もっと状況を悪くするからです。いい気分になるまで、気をそらしてください。そして、新鮮なポジティブな視点から、もう一度やってみてください。

ジェリー　だから、よく「クラッシュダイエット」と言われる短期集中型のダイエットをしている人が、ものすごい体重の落ち方をしても、またリバウンドしてしまうのでしょうか？　望みが強かったけれど、痩せた人として自分を見ることも信じることもできなかったから、太った姿に戻ってしまったのでしょうか？

エイブラハム　その人たちは、食べ物を望んでいるけど、食べたら太ると信じています。望まないことを考えているうえに、そう信じているから、望まないことをつくってしまうのです。何度も言いますが、それは苦労するやり方です。

いったん痩せても、すぐにまたリバウンドしてしまう大きな理由は、「望むセルフイメージがもてない」からです。自分は太っていると感じ続け、考え続けてもいるのです。ずっと保っている自分のイメージがそうなので……あなたの身体はその通りに反応するわけです。いつだってそうです。

自分のことを健康だと思っていたらそうなりますし、体形や体重など、理想の姿をイメージできたら、そのようになります。

食べ物は、喜びに従っていいの？

エイブラハム　喜びに従うという、わたしたちのアドバイスの通りにしたら（いい気分になる食べ物ばかりを探すので）、健康によくないものや太ってしまうものばかりを食べてしまうようになると、反論する人たちがいます。

多くの場合、人はいい気分でないときに、空虚感を満たそうと食べ物を選んでいます。でも、波動のバランスを意識するようになって、自分の理想の体形を思い描き、ポジティブなほうへ思考を向ける力を知ったとします。特定の食べ物が、理想の体形になるのを妨げると信じていたら、ネガティブな感情がガイダンスとして感じられるでしょう。ネガティブな感情が生まれるときに行動するのは決してよくありません。

なぜなら、そのネガティブな感情は、エネルギーの不調和を表しているので、ネガティブな感情の状態でとる行動は、必ずネガティブな結果を招くからです。

特定の食べ物が健康に反するから、ネガティブな感情が生まれるのではなく、矛盾する思考をその瞬間にもっているからです。二人の人がまったく同じ食事をしていて、同じような運動メニューをしていたとしても、真逆の結果が出ることもあります。つまり、どんな食べ物を食べるか、どれだけカロリーを消費するか以上に、もっと大事な要素があるわけです。結果はいつだって、あなたの思考が放つエネルギーが調和しているかどうかにかかっています。それがすべてです。

大まかなコツとしては、これです。

「幸せな気分になってから、食べる。幸せになるために、食べないこと」

感情のバランスを最優先すれば、食べ物との関係性も変わり、食べたくなるものに対しての衝動も変わってきます。それ以上に大事なのは、あなたの食べ物に対する反応も変わっていくことです。波動を整えずに、食べ物に関する行動を変えたとしても、最小限の結果しか得られません。一方で、思考を変えると、行動を変えなくても、素晴らしい結果が得られます。

もっとスリムになりたいと、あなたが決意したとしましょう。でも、自分のことを太っていると思っている場合、あなたの観念はこうです。「これを食べたら、わたしは太る」。スリムになりたいという望みがあるのに、食べたら太るという観念があるので、食べるときにネガティブな感情が生まれます。これは罪悪感、失望や怒りかもしれません。いずれにしても、食べるときに嫌な気分になるのは、自分の望みと観念に対して、行動が調和していないからです。ですから、もしあなたが喜びに従っていたら、観念と調和するものを食べるときは気分がいいでしょう。逆に、調和しないものを食べるときは、嫌な気分になるでしょう。望みが生まれたのに、自分の観念に矛盾した行動をすると、必ずネガティブな感情になるのです。

食べ物に対する自分の観念は？

エイブラハム　あなたが食べ物に対してもっている観念は、あなたの人生経験にはっきりと反映されています。

・何を食べても太らないと信じていたら、そのような経験をします

・簡単に体重が増えると信じていたら、そうなります
・特定の食品がエネルギーを高めてくれると信じていたら、そうなります
・特定の食品がエネルギーを低下させると信じていたら、そうなります
・痩せたいけれど、特定の食事法では痩せられないと信じていながら、その食事をしたら、体重は増えるでしょう

あなたの食べ物に対する観念が、物理的にどのように影響するか、わたしたちがこのシンプルな説明をすると、最初はみなさん困惑します。なぜなら、人生において観察してきたことから今の観念をもつようになったからです。自分自身の人生と他の人たちの人生を観察してきた事実に基づく証拠に反する考えをもつことが難しいのです。しかし、結果を観察しても、不適切で乏しい情報しか得られません。望みと期待という要素を加味しない限り、何を食べたか食べなかったかという行動を評価したとしても、無意味です。創造のレシピにおいて、一番大事な材料を加えることなく、結果を理解することはできないのです。

食べ物に対する反応が人によって違うのは、食べ物ではなく、思考による反応だか

らです。あなたがその食べ物に対してどんなことを考えているか、それが違いを生むのです。

わたしの身体に対する他人の意見は、重要ではない

質問者 大事に思っている人（パートナー）に、お腹回りのぽっこりを指摘されて、もっと運動したり、サラダを注文したり、食事量を減らしたりして、頑張って痩せてほしいと言われました。彼女は、自分にとって大事な存在なので、その言葉を真剣に受け止めました。そうしたら、お腹回りのぽっこりが大きくなったのです。

エイブラハム あなたにわかってほしい一番大事なことは、他の人について語るとき、いつだって大事ではない（重要ではない）と表現してほしいのです（笑）。

もちろん、あなたの人生に、大事な人たちがいるのは理解できます。でも、あなたに対するその人たちの意見を、自分の意見より大事にしてはいけません。もし誰かの影響で、あなたの気分が悪くなることにフォーカスしてしまったら、そのとき、あな

たはネガティブな影響を受けていることになります。

他人の意見が重要でなくなるくらい、あなた自身の思考を安定させる練習をしてください。抵抗のない状態が達成できて初めて、自由を経験することができるのです。

そのときはつまり、あなた自身の内なる存在の思考と、あなたの普段の思考とを調和させる方法を身につけられている状態です。他の人の観念や願望を自分の人生に受け入れている人で、ソース（源）と調和した状態や自由を達成している人を見たことがありません。流動的な要素が多すぎて、対処することができないのです。

もし誰かにこう言われたとしましょう。

「あなたに気に入らないところがあるの」

わたしたちならこう言います。

「他のところを探してごらん。わたしの鼻はどう思う？　可愛いと思わない（笑）？耳はどうかしら？」

つまり、ポジティブな側面を見てもらえばいいのです。しかも、遊び心をもって真面目にとらえなければ、傷ついたりしません。それどころか、傷つきようがないくらいに、自分の人生に対してポジティブな思考を実践し、安定させることができるでしょう。

わたしの身体に関する「過去」の物語の例

「わたしは、自分の身体の見た目に満足していない。細身で健康的だった時代もあったけれど、維持するのは簡単なことではなかったし、そんな時期はとても短かかった。自分の理想の体形に近づくために、いつもがむしゃらに頑張ったけれど、その状態も長く続けられなかった。おいしいものを我慢する生活も疲れたし、好きなものを食べられないうえに、体形も改善しなかった。こんなのつらい。おいしいものを食べられるような新陳代謝の力は、わたしにはないんだ。本当に不公平だ。でも、太ったままではいたくない……」

わたしの身体に関する「新しい」物語の例

「わたしの身体は、自分の思考を反映している。わたしには、自分の思考の方向を選ぶ力がある。それがわかってうれしい。そして、わたしの身体の変化が見えるようになるのも楽しみだ。自分の思考が変化したことを反映してくれるから。スタイルやサイズがよくなっていくのを考えただけで、いい気分になる。変化が起きている過程にいるのだと信頼している。その間は、だいたいとてもいい気分なので、今の状態を不満に思っていない。意図をもって考えるのは楽しいし、意図的に選んだ思考の結果が現れるのを見るのは、さらに楽しい。わたしの身体は、わたしの思考にとてもよく反応する。そのことを知っているのは、とてもいいことだ」

よくなった物語をどのように伝えるかに、正解も不正解もありません。過去でも、現在でも、未来の経験でも構いません。あなたの物語を伝える際に大事な基準はただ一つ、「**より気分のいい、改善したバージョンを語ろう**」と、意図することです。1日を通して、気分がよくなる短い物語をたくさん語ることで、あなたの引き寄せポイントも変わってくるでしょう。あなたが語る物語が、あなたの人生の土台をつくるということを、とにかく忘れないでください。だからこそ、そうなってほしいと思うような物語を語りましょう。

Part 5

豊かさをもたらし喜びの源になるキャリア

キャリア選びの最初の一歩

ジェリー　自分が正しいキャリアを選んだかどうかは、どうやったらわかるのでしょうか？　どうしたら、選んだキャリアで、成功できるのでしょうか？

エイブラハム　あなたの言うキャリアの定義は、どういうものですか？

ジェリー　キャリアとは、「生涯の仕事（ライフワーク）」のような意味です。人が全身全霊をかけて、打ち込める職業のことです。当然ですが、多くの場合、みんな、それで収入を得たいと思っています。

エイブラハム　生涯の仕事（ライフワーク）とはどういう意味ですか？

ジェリー　残りの人生をかけてやるつもりの仕事で、職業だったり、専門職やビジネス、商売などの……。

エイブラハム　つまり、みなさんの文化では、一つのキャリアを選んだら、残りの人生は、ずっと同じことを幸せにやっていくものだ、と誰もが信じていて、そう願っているということなのでしょうか？

ジェリー　ええ、わたしの記憶にある限りでは、伝統的にそうだと思いますね。「大人になったら、何になるの？」と、幼いうちから聞かれました。今振り返ってみて興味深く思うのは、ごく幼い頃に、周りの大人たちから、「早くキャリアを選ばないといけない」という感覚をすり込まれていたことです。

　とてもおいしそうな牛乳をガラス瓶に入れて届けてくれていた牛乳配達の人をよく見ていたのを覚えています。配達を終えて車で去っていく様子を見ながら、牛乳配達の人になりたいな、と思いました。また、警察官が母の運転している車を道路脇に停めさせたのを見たときは、母にそんなことをさせられるなんてすごいと思って、しばらくは警察官になろうと決めていました。ほどなくして、医者に骨折した腕を治療してもらったときに、医者になりたいと思いましたし、家が火事になったときは、消防士になるのが一番いいかもしれない、と思いました。

一般的に大人と言われる年頃になっても、常に自分の視点が変化するので、いろんな選択肢を見たり、考えたりしていました。そのため、周りの人たちは、一つの「生涯の仕事（ライフワーク）」あるいは「キャリア」で落ち着くことなく、職業を転々としていたわたしに、少しがっかりしていました。

エイブラハム　あなたの子ども時代の物語や、大きくなったらなりたい職業に影響を与えた出来事を読んで、読者の多くはコロコロ変わる考えを、子どもっぽいとか、地に足がついていない、と言うかもしれません。

ですが、「**人生で起きる出来事に、人はいつでもインスパイアされるものだ**」ということを、わかってほしいのです。そして、そうしたインスパイアされたアイデアの流れに従うことができたら、世間にありがちな家族の伝統や見込まれる収入などで正当化して選ぶよりも、もっと喜びに満ちた経験になる可能性が大きいのです。

「残りの人生をかけて何をやるか」を決めるのに、苦労する人がとても多いのは、不思議なことではありません。なぜなら、いろいろな側面をもつ存在であるみなさんの一番の意図は、「絶対的な自由というベースを楽しむ」こと、そして「喜びに満ちた経験を探し求めながら、拡大と成長を経験する」ことですから。つまり、真の意味で自由という視点をもっていなければ喜びを得られないし、喜びなくしては本当の拡大を経験することはできません。多くの人から見ると、子どもっぽいと思われるかもしれませんが、人生経験が次から次へと、あなたを次なる冒険へとインスパイアするのは自然なことです。

あなたの一番の意図、そして存在する理由は、「ずっと幸せに暮らすことだ」と、できる限り早い段階で決心することをお勧めします。あなたの核となる、自由と成長、喜びという意図と調和する願望を大事にし、そうした活動を選ぶ。これぞ素晴らしいキャリアの選択だと思います。幸せな人生を生きることを「キャリア」にしてくださ い。十分な収入が得られる仕事を探し、そのお金でやりたいことができるようになったら幸せになれる、という生き方ではなく。幸せな気分でいることを一番大事にでき、「生活のために」することも喜びをもたらしてくれるなら、それは最高の組み合わせです。

どんな状況でも、「気分よくいること」は、可能です。ですが、最初に波動のバランスを整えられるようになったら、その幸せなところから、状況や出来事を引き寄せられるようになります。そうすれば、幸せが持続する可能性はもっと高くなるでしょう。

「お仕事は、何をしていらっしゃるのですか？」

ジェリー　現代においても、「仕事をもたずに生きる文化」（原始的、または野蛮と言われている）が存在します。つまり、お腹が空いたら魚を捕ったり、木になっている果物を探したりするような。

エイブラハム　そうした人たちが、この本を読むでしょうか（笑）（読まないでしょうね）？　この本を読むのは、基本的にどんな人たちだと思いますか？

ジェリー　「収入を得られるような仕事を見つける必要がある」と、信じている人たちです。

エイブラハム　早い段階でキャリアを見つけて、生涯それを続けなくてはいけない、と人々が信じている主な理由は何だと思いますか？

ジェリー　もちろん、すべての人を代表して語ることはできませんが、「収入を生む仕事を見つけなくては」とか、「見つけるべきだ」という、道徳的、倫理的な観点に近いのかなと思います。つまり、何かを提供せずにお金を受け取ることや、生産的でないことは、不適切だと考えられています。

エイブラハム　確かにそうですね。努力や仕事を通して自分の存在を証明しなければと感じている人がほとんどです。だからこそ初めて会った人に聞く最初の質問が「お仕事は何をしていらっしゃるのですか？」なのでしょうね。

ジェリー　わたしはこの40年間、1日に約1・5時間ほど働いて、生計を立ててきました。短い時間しか働かずに、それだけの収入を得ているなんて、と腹立たしさをあらわにした意見も多くもらいました。その意見に対して、自分の中で正当化しなければという思いに駆られて、「その90分間にどれだけエネルギーを注いでいるか」、「上達するまでにどれだけの年数をかけたか」、「仕事場に行くまでにどれだけ長い距離を運転しなくてはならなかったか」を説明したものです。つまり、自分が受け取っているものに見合った代償を払っていることを正当化しなくてはならないと、いつも感じていました。

エイブラハム　波動が調和した状態（内なる源と調和し、あなた自身の望みと観念のバランスがとれている）だと、自分のことを正当化しなくてはならないとは、決して思いません。「他人に対して自分の行動や考えを正当化しよう」とする人が多くいますが、あなた自身のガイダンスシステムではなく、他人の意見を基準にして、それに合わせようとするのは、決していいことではありません。

若い頃は、ルールや意見に従わせようとする大人たちが多かったことでしょう。でも、あなたが何かの決断をするときに、他人の望むことを軸にしてしまうと、本当の自分と調和した状態から、どんどんかけ離れていきます。さらに、自分が生まれてきたときの意図からも、今までの人生で進化してきた意図からも、かけ離れてしまいます。他人を喜ばせようとする願望を手放して、本当のあなたと調和する強い意図をもたない限りは、自由の素晴らしさを体感することはできないでしょう。自分の感情を大切にして、いい気分の思考を選んでいれば、そのいい気分の感情であなたが調和できたとわかるでしょう。

誰かがあなたに不満を示したり、攻撃したりするときに、自分を守ろうとするのは自然な反応です。ですが、あなたの内なる存在と調和できるようになれば、自分を守る必要もすぐになくなります。なぜなら、自分は弱いと思うすべての感情が、本当のあなたがもつしっかりと安定した感覚に変わっていくからです。

あなたがどんな選択をしても、その選択に同意しない人は、いつだっているでしょう。自分のバランスを見つけて調和を維持できたら、周りの人たちは、あなたの成功を非難するのではなく、成功の秘訣を聞いてくるようになるでしょう。そして、まだ非難を続ける人たちは、あなたがどんなに説得力をもって正当化しても、納得してはくれないものです。

他人がもっている欠乏感を解消するのは、あなたの役割ではありません。あなたの役割は、あなた自身のバランスを保つことです。それが、社会やたとえ一人の人間であっても、あなたが何を望むべきか、どうふるまうべきかを誰かに指図されることを受け入れてしまえば、あなたはバランスを崩してしまいます。なぜなら、あなたの存在自体の核である「自由の感覚」が脅かされるからです。自分がどう感じるかを意識して、本当のあなたと調和する、力を取り戻すような思考をすることができたら、あなたは、「豊かに繁栄する模範」となるでしょう。それは、あなたを知る人たちにとって、素晴らしく価値があることです。

あなたが貧しくなったとしても、貧しい人たちが豊かになることを助けることはできないし、あなたが病気になっても、病気の人がよくなる助けにはなりません。強さと明晰さ、そして源と調和した立場からしか、人を励まして、助けることはできないのです。

引き寄せの法則とキャリア

エイブラハム　人がある一つのキャリアを望むとき、その一番の理由は何だと思いますか？

ジェリー　最近読んだ研究調査によると、ほとんどの人が名声を求めているのだとか。

つまり、「より高い肩書」かお金をもっともらえる選択肢があった場合、ほとんどの人が肩書を選んだのです。

エイブラハム　名声を求めている人たちは、自分自身のガイダンスシステムの代わりに、他人からの評価を求めています。あなたが喜ばせようと思っている外野の人たちは、あなたに対して長く関心を向け続けるわけではないので、それでは、実に満たされない生き方になってしまいます。その研究は、正確な可能性が高いですね。なぜなら、「個人的に自分がどう感じているか」よりも、「他人が自分をどう思うか」を気にする人がほとんどですから。ですが、そうしたガイダンスには、一貫性がありません。

自分を幸せにしてくれるものを他の何よりも自己中心的に考えると、周りの人たちに対して、配慮がないずるい人になってしまうのではないかと心配する人もいます。でも、それはまったく逆であることをわたしたちは知っています。あなたがソース（源）との調和を大切にしているとき、（ソースと調和しているかどうかは、感情が教えてくれるので、そのつながりを維持することができたら）、意識を向けた対象は誰であっても、あなたの眼差しから恩恵を受け取れるのです。あなた自身がウェルビーイングの流れにつながっていなければ、誰のことも高めてあげることはできません。

誰かに好意的な評価とともに関心をもってもらえるのは、心地よいものだというのは理解できます。なぜなら、その人たちは、今説明したことをまさに実行しているからです。好意的にあなたを見ながら、その人たちはソース（源）とつながっているので、あなたにウェルビーイングを注いでいるのです。しかし、ウェルビーイングを浴びせてもらいたいからといって、誰かに対して、「いつもソース（源）と調和したうえで、常に自分に関心をもってほしい」と要求するのは、現実的ではありません。

なぜなら、その人たちのソース（源）とのつながりをコントロールできないし、彼らの関心の的が、ずっとあなたであることもないからです。ですが、あなた自身のソース（源）とのつながりは完璧にコントロールできるので、他人を抜きにして、そのつながりを一番の目的にすれば、他人を喜ばせようとすることから（他人をいつも喜ばせることは、いずれにせよできませんが）、解放されます。そうなれば、ウェルビーイングの気分も源とのつながりも、安定して維持することができるようになるでしょう。

特筆すべき点は、自分がどう感じるかを大切にしている人たち、いい気分を安定して保っている人たち、ソース（源）とつながっていて、フォーカスするどんなことにでもポジティブな思考を向けている人たちは、魅力的に映ります。そうした人たちは、とても好意的に評価され認められることが多いのです。

他人からの承認を「必要」としていたり、「評価されていない」という理由で切望したりしても、その承認は得られません。窓からの景色が素晴らしいオフィスや自分専用の駐車場、輝かしい肩書も、本当のあなたと調和していないために生じる欠乏感を埋めることはできません。調和を達成することができたら、そうしたものが前よりも重要だと感じなくなるものですが、面白いことに、それにもかかわらずそうしたものが引き寄せられてくるのです。

奉仕することで空虚感を埋める？

ジェリー　わたしは、エンターテインメント業界でいろんな仕事をしていた20年間、とても楽しい経験をしました。働くのは数時間だったのですが、新しい経験が多くて、冒険のような挑戦をたくさんしました。それでも、人生という砂時計を進める中で、振り返ってみると、何の足跡も残していないように感じる、とよく人に語ったものです。つまり、観客には一時の楽しみを提供しつつも、「永遠に残る価値は何も残せていない」ように思えたのです。

わたしたちには、「人に元気を与えたいという駆り立てられる気持ち」が、本質的にあるのでしょうか？　自分たちの中の別のレベルからくるものなのか、それとも、物質世界に生まれてきて、周りからそういう意図を教わったのでしょうか？

エイブラハム　あなたは、「誰かの役に立ちたい、誰かを高めたい」という願望をもって生まれてきました。そして、自分には価値があると知りながら、生まれてきました。「何かを残せていない」という何かが欠けている気持ちの大部分は、永遠に残る価値を提供できていないから生じるのではなく、あなたの思考によって内側のソース（源）との調和から外れてしまったからです。

つまり、こういう仕組みです。**本当のあなたとの調和がとれているときは、出会う人すべてを高めています。**そして、調和していない人がそんなにたくさんいるとは気がつかないものです。あなたが満足しているときは、引き寄せの法則によって、不満をもった人たちが、あなたの周りを囲むことはありません。逆に、あなたが不満をもっているときは、引き寄せの法則が働くので、満足している人はあなたの周りには集まってこないでしょう。

行動やエネルギー、時間をもっと費やしたとしても、自分が調和から外れた分を補うことはできません。大きな変化をもたらすような効果的なアイデアが思いつかないのです。周りの人にとってのあなたの価値は、あなた自身がソース（源）と調和することができるかどうか、これだけにかかっています。そして、唯一あなたが誰かに与えられるのは、調和のお手本となることです。あなたを見た人は、自分もそうなりたいと望み、達成しようとするでしょう。でも、あなたが人に調和をプレゼントすることはできません。

あなたが観客に提供していたエンターテインメントは、実は当時思っていたよりも、はるかに彼らにとって大きなギフトとなっていました。なぜなら、彼らの悩みから気をそらしてあげていたわけですから。観客が、自分たちの悩みに意識がいっていなかったので、多くの場合は、ソース（源）との調和が一時的に実現していたのです。

だからといって、彼ら一人ひとりとずっと一緒にいて、いい気分を持続させてあげることはできません。自分がもつ思考、関心をもつ対象として、何を選ぶかは、その人自身の責任です。

あなたは、内なる深い部分で、**「自分が喜びをもって創造するクリエイターである」**ことを知っています。そして、それを満たそうと常に導かれていますが、達成しなければならない決まりごとなどはありません。あなたのやりたいことは、この物質世界の環境の中で、成長への尽きることのないアイデアや望みを受け取ることでした。そして、内なる自分のエネルギーと調和して、アイデアを形にすることを意図してきました。つまり、この人生に参加すれば、願望が生まれることをあなたは知っていたのです。また、望みがあなたの中で生まれたら、それが実現しそうだと期待する気持ちになるまで、思考にフォーカスすることで、現実になることも知っていました。

この創造の過程の中で、あなたにとって、周りの人たちの主な役割は、望みが生まれるための多様性をその人たちが提供してくれることです。自分の価値を測って、他人と比べて自分の価値に優劣をつけようなどとは思っていませんでした。そうではなく、あなたの周りで起きているさまざまなことから、新しいアイデアが生まれるのを意図してきたのです。他の人たちとの比較は、自分の願望を拡大するためのものであって、あなたの価値を低く見るためのものでも、劣等感を抱くためのものでもありませんでした。

人生とは、仕事のあとや週末にあるものでもなく、また、定年を迎えたあとにあるものでもありません。あなたの人生は、今起きていることであり、今感じていることとして現れているのです。もし、あなたが仕事で満たされていない、大変だとか楽しくないと感じているとしたら、それは間違った場所にいるからではなく、あなたの視点が内なる自分と対立する思考で曇っているからです。

途中の道のりが楽しくない旅は、ハッピーエンドを迎えることができません。「終わりよければ、すべてよし」では、絶対にないのです。途中の道のりと同じ要素が、エンディング（結果）にもたらされるからです。

わたしの成功が、他者の励みになる？

ジェリー　自分にとっては自由がいつも一番大事なので、「お金のために、自由をあきらめることは、決してできない」と思っています。自由と引き換えにしたくなかったので、お金に対してそんなに興味がない、といつも言っていましたが、やがてあの「砂の上に足跡を残せていない」感情が出てきて、自問自答するようになりました。人生はただ楽しむだけではない、それ以上のものがあるのではないかと。

その気づきを得てからほどなくして、『思考は現実化する』という本に出会いました。思考することやお金持ちになることには、これまで興味がないほうだったのに、その本に目を奪われ、強く惹かれるものを感じました。本を手にすると、人生での大きな意味を見つけたかのように感じて、全身鳥肌が立ちました。その本にはこう書かれていました。

「**何を望むか、決めなさい！**」と。

一見とてもシンプルな言葉ですが、これまでに感じたことがなかった不思議なパワーを感じて、人生で初めて、意識的に自分が何を望んでいるかを決め、紙に書く、ということをやりはじめました。

「自営業者になりたい。自分のビジネスを持ちたい。事務所を持ちたくない。一つの場所にとどまりたくない。人を雇いたくない（そうした責任は負いたくない）。自由が欲しい」

わたしは、「自分の収入をコントロールできる」ようになりたかったのです。どこでも好きな場所に旅したり行ったりできるように、いつでも動ける状態がよいと思いました。わたしと出会うことで、人々の人生を何らかの形で向上させる（あるいは、今のままでいられる）ような仕事をしたいと思いました。わたしとの出会いで、その人の人生が悪くなってしまうことが絶対にないような仕事がしたいと思いました。

このことを人に話すと、笑われました。彼らは「ああ、ジェリー、君は夢想家だなぁ。そんなもの現実ではあり得ないよ」と言ったものです。わたしはこう返しました。「あるはずだよ。エマーソンはこう言った。『自分に達成する能力がない願望をもつことはない』と」。わたし自身もそう信じていました。どこかの段階でその機会に出会えるだろうと、本当に期待していました。

自分が望むことを明確にしてから30日も経たないうちに、ある男性に出会い、彼がカリフォルニアでスタートできるビジネスを紹介してくれました。その起業内容は望んでいることすべてが叶うものでした。それからずっと何年も、そのビジネスは、うまくいき、安定して成功しました。そして、自分が書き記した望みのエッセンス（要素）のすべてが実現したのです。

わたしが求めるのは自由、成長、喜び

ジェリー　自分ができること、才能や能力があることを書き記したのではありません。ただ、「わたしはこれを望んでいる」と書いただけです。

わたしたちは誰もが望んでいることを得られるのでしょうか？　誰もが望んでいることを明確にしたら、それを手にすることはできるのでしょうか？

エイブラハム　できます。人生で、ある願望が生まれた場合、その願望を事細かに実現する手段は、人生経験の中に用意されています。

生きてきた人生経験、長い時間をかけて、あなたは何を望んでいるかを決めてきました。その明確にしてきた望みにフォーカスすると決意して、それを一通り書くことによって、あなたの願望にまつわる観念を強めることになったのです。そして、あなたの願望と観念が合わさると、期待が生まれます。**どんなことであれ、あなたの中で期待が生まれたら、速やかにあなたの経験の中に現れていきます。**

自由でいることが、あなたがずっともっていた願望の中でも最も重要な要素でした。

そのため、その自由という望みを脅かすことなく、なおかつ収入をもたらしてくれる可能性のある何かを見たときに、もっと収入を得るというあなたの願望が拡大することをあなたは受け入れました。以前は、自由を損なう可能性のあるようなものは何であれ、即座に却下していたのです。

自由、成長、そして喜びという意図の三本柱を備えて、みな生まれてきました。自由が、あなたという存在の土台です。なぜなら、あなたの思考に反応して、すべてが引き寄せられ、あなた以外に自分の思考をコントロールできる人はいないからです。喜びを探求することを一番大事にして、本当のあなたと調和する思考を無理なく習慣にできたら、すべての抵抗がなくなってきます。そうすれば、人生経験を通して内側に芽生えた拡大や成長を受け取ることができるでしょう。

気分のいい人生を送りたい

エイブラハム　キャリアを選ぶとき、あるいは今の仕事で求められていることをやるとき、喜びをもって仕事に取り組むのを一番の目的にしたとしましょう。すると、すぐに意図の三本柱が整って、アラインメント（ソースとの調和）が楽に実現します。なぜなら、いい気分を達成したことによって、あなたの広い視点、非物質世界の視点と完全に調和するからです。調和することによって、今までの人生で明確になった願望が拡大していくので、成長も速やかに満足のいく形でできるのです。

自由は、あなたの人生の土台です。それは獲得すべきものではありません。喜びは、あなたの目的です。成長は、それらすべての結果です。でも、あなたが自分に価値がないと思い込んだり、行動を通して価値を証明しようとすると、バランスがとれなくなるでしょう。自由、成長と喜びという意図の三本柱をよくみなさんに説明しますが、成長というとみなさんの意識はすぐに、価値を証明しようという、見当違いの方向にいこうとしてしまいます。

そもそも価値は、問題になっていないのです。誰かに証明したり正当化したりする必要はありません。あなたが存在する理由を正当化する必要もないのです。なぜなら、あなたの存在自体が、もう十分に、あなたの価値を証明しているのですから。

楽しいキャリアを自分で創造する

エイブラハム　楽しい人生経験を創造することがあなたの「キャリア」だととらえてほしいのです。物を創造したり、他の人たちが創造したことを繰り返したり、集めたりするための存在ではありません。あなたは創造者で、創造のテーマは楽しい人生経験です。それがあなたのミッションです。それがあなたの探求の道です。そのためにあなたは生まれてきたのです。

与えずに得るのは道徳に反する？

ジェリー　エイブラハム、何もお返ししない人たちは、道徳や倫理的に正しいと言えるのでしょうか？　つまり、相続した財産だけで生活していたり、宝くじで当てたお金、生活保護や寄付で生活するのは、適切なのでしょうか？

エイブラハム　あなたの質問は、流れ込むウェルビーイング（幸せと豊かさ）を受け取るためには、何らかの代償を払う必要があり、正当化するために何らかの行動をとらなくてはいけない、とほのめかしていますね。でも、そんなことはありません。あなたに流れ込んでくるウェルビーイングを正当化する必要もないし、可能でもないのです。ですが、ウェルビーイングと調和する必要はあります。ウェルビーイングが足りない、という側面にフォーカスしながら、ウェルビーイングを引き寄せることはできません。

多くの人が内側にある感情というガイダンスをしっかり意識せずに、望まないことにフォーカスし、足りていないという思考を補うために行動しようとします。エネルギーが調和していないので、行動しても、結果を得られません。そうすると、さらに頑張って行動しようとしますが、それでも物事は改善しません。

呼吸する空気のように、すべての豊かさが、あなたのために用意されています。あなたが自分で受け取った分だけ、あなたの人生もよくなります。

もしあなたが、「頑張って働かないと豊かになれない」と信じていたら、苦労して働かないと豊かになれないでしょう。でも、ほとんどの場合、必死に働くほど、気分は悪くなり、気分が悪くなればなるほど、望んでいる結果も得られなくなります。やる気をなくして、どうすればいいのかわからない人が多いのも、当然です。何をしても、豊かにならないように思えるのですから。

純粋な感謝と愛、そして源との調和こそが、いわゆる究極の「お返し」です。苦痛や苦労を感じていたら、お返しできるものは何もありません。必死に頑張っても成功できない人がいる一方で、全然努力していないのに豊かさをたくさん受け取っている人がいるのを見ると、多くの人は不公平だとか不当だと非難します。

ですが、「引き寄せの法則」が、常に一貫して働いているだけなのです。人生は、あなたが考えていることの波動のパターンを常に正確に再現しているのです。あなた自身が生き、あなた自身が考え、あなた自身が波動を放ち、あなたの波動によって引き寄せているので、これ以上に公平なことはありません。いつだって自分で放っていることの要素を受け取っているのです。

ジェリー　では、お金を考慮しなければ、いわば、お金のためにするのでなければ、人生において、わたしたちは何のために行動するべきなのでしょうか？

エイブラハム　たいていの人がしていることは、波動のバランスがとれていないのを補おうとしての行動です。つまり、望まないことばかり考えているため、望むことが簡単に自分の経験に流れ込むのを阻んでしまっているのです。そして、行動することによってその不調和を埋め合わせようとしています。感情という指標の価値を理解し、いい気分になることにフォーカスすることで、まずは波動の調和ができたならば、とても大きな恩恵を受けることができます。そして、ずっと少ない行動で、素晴らしいものが流れ込んでくるでしょう。

ほとんどの行動は、とてつもない抵抗の波動の最中でとられています。だから、多くの人が、「人生に苦労はつきものだ」と、信じるようになったのです。また、成功と自由は相反すると、あなたのように信じる人がいます。実際には、成功と自由は同義語で、同じことを意味するのですが。

お金を考慮から外す必要はありません。**必要なのは、喜びをあなたの探求の目的として、あなたの喜びを一番大切にすることです。そうすれば、あらゆる方法で、豊かさが流れ込んできます。**

地球という惑星へようこそ

エイブラハム　もし、あなたがこの物質世界にやってきた初日に、わたしたちがこのように伝えることができたら、とてもあなたの役に立てるでしょう。

「地球という惑星へようこそ。ここでは、あなたがなれないものもないし、できないこともないし、手に入れられないものもありません。あなたのここでのお仕事は、喜びを探求することです。それがあなたの生涯のキャリアです」

「あなたは、絶対的に自由な宇宙に生きているのです。考えたことすべてが引き寄せられてくるくらい、あなたはとても自由です」

「あなたがいい気分になる思考をもったら、本当のあなたと調和することができます。ですから、その自由を存分に活用してください。第一に喜びを探求すれば、想像以上の成長が楽しく豊かにもたらされるでしょう」

ですが、今日が人生最初の日ではありません。この本を読んでいるほとんどの方は、「自分は自由ではないし、自分には価値もない、自分の価値を行動で証明しなければいけない」と信じてきたと思います。多くの人は、今、楽しいと思えない仕事に就いていますが、辞めたら金銭的に大変な状況になる、と心配しているので、辞めることもできません。仕事をしておらず、収入がない人たちの多くは、暮らしを支える手段も、将来の保証もないことで、苦しんでいます。しかし、どんな状況に置かれていても、今いる場所でポジティブな側面を見つける決断をすれば、抵抗の波動を放つのを止められます。抵抗があなたの望んでいることを受け取れない、唯一の原因なのです。

戻って何かを取り消したり、まだ達成できていないことで自分を責めたりする必要もありません。本質的にはこの瞬間が人生の始まりなのだと考えて、お金にまつわる嫌な気分、無価値感や憤りを感じる抵抗の思考をできる限り控えることができれば、あなたの金銭的な状況は、今すぐ変わりはじめるでしょう。こう言うだけでいいのです。

「さあ、今日は、物質世界で過ごす残りの人生の最初の日だ。わたしの一番の意図は、この瞬間から、いい気分を探す理由を見つけること。わたしは、いい気分でいたい。いい気分でいること以上に、わたしにとって大切なことはないのだから」

一番大切なのはいい気分

エイブラハム　仕事の環境で、いい気分になれないこともいろいろとあるでしょう。また、いい気分になるためには、ネガティブな影響から逃げるしかないと思っている人が多いと思います。今でもお金の余裕がないのに、収入が途絶えるかもしれないので、仕事を辞めることを考えると、心地はよくない。そのため、不幸せなまま逃げ場がないように感じながら、今の仕事を続けるわけです。

「お金と引き換えに働く」という視点ではなく、「楽しい体験をするための人生経験の費用だ」と、少し大きな視野で自分のキャリアをとらえてみてください。すると、あなたの思考や話している言葉の多くが、喜びの探求という意図に調和していないことに気づくでしょう。

「**いい気分でいること以上に大切なことはない**」と言えたら、違う思考、言葉、行動に、自分を導くことができるでしょう。

意図的に職場や同僚のポジティブな側面を探す練習をするだけで、すぐに気持ちが和らいでくるでしょう。気分が和らぐのは、波動がシフトしたことを示すので、引き寄せポイントもシフトしたことになります。そうなれば、「引き寄せの法則」が違う人たちと引き合わせてくれますし、同じ人たちであっても違う経験をさせてくれるでしょう。うまくいかない行動で、外側から内側を変えるのではなく、内側から外側へと創造するのです。あなたがいい気分でいたいと、シンプルかつパワフルに決めることで、さまざまなことが劇的によくなっていくでしょう。

キャリアでの成功を阻んでいるのは何？

ジェリー　これから初めて就職する人たち、あるいは転職しようと思っていて、収入や成長の可能性、商品やサービスの需要などを考慮してどの方向に進もうか決めようとしている人たちに、アドバイスはありますか？

エイブラハム　これまで生きてきた人生によって、今後体験したい具体的なことは、すでに明確になっています。そして、完璧な状況は、すでにあなたのために用意されています。あなたが今するべきことは、その完璧な状況を自分で見つけに行くことではありません。人生を生きる中で、無数の意図が芽生えてきました。その意図が満たされるぴったりの場所に導いてくれる状況が展開するのを受け取ることです。さらに言えば、望まないことを生きているときほど、望むことをより明確に知ることができます。

お金が足りない状況で、もっとお金が欲しいと願うようになるのは、そのためです。評価してくれない雇い主のために働いていたら、あなたの才能や意欲を評価してくれる人を求めるようになります。大して必要とされていない仕事なら、明晰さや成長を促してくれる仕事をしたいという願望が生まれるでしょう。混んだ道を長い時間かけて通勤していたら、家からもっと近い職場を望むようになります。仕事の環境を変えたいと思っている人に伝えたいのは、あなたのために、いわば波動の保管場所で、いろんな可能性が、もうすでに用意されている、ということです。あなたの仕事は、過去と現在の人生経験を通して明確になった望みと自分を調和させることです。

不思議に聞こえるかもしれませんが、仕事環境を改善させる一番早い方法は、今の環境の中で、いい気分になれることを探すことです。改善する必要性を主張するために、今いる場所の欠点を指摘するといった、まったく逆のことをする人がいます。でも、「引き寄せの法則」は何であれ、関心を向けたものをもっと集めてくるので、望まないことに注意を向けていたら、望まないことが、もっとやってくるのです。望まないことがあるために、そこから離れたとして、次の環境に移っても、同じような望まないことの要素を引き寄せてしまいます。

望むことを考えて、望むことを語りましょう。

今いるところのよい点のリストを作りましょう。

実現しようとしている、より望ましいことをワクワクしながら考えましょう。

嫌なことを強調しないようにしましょう。

好きなことを強調しましょう。

改善したあなたの波動に宇宙が反応する様子を目にしてください。

気分よくいる理由を探す

ジェリー　ということは、現在や過去の望まないことにフォーカスしているうちは――望むことに、今、フォーカスしない限り――何らかの形で、ネガティブな状況を再創造し続けるだけになってしまうわけですね？

エイブラハム　まさに、その通りです。あなたにとってネガティブな感情がどれだけ正当性があったとしても、自分の未来を台無しにしてしまうだけです。

ほとんどの人は、10回、20回分の人生をずっと幸せに忙しく生きられるくらい、望むものが何であるかについては、十分に考えてきています。でも、あなたの扉が閉じられてしまっているために、実現したものを受け取ることができないのです。扉が閉まっているのは、現在の状況に文句を言うのに忙しかったり、今の立場を守ることに忙しくしていたりするからです。気分よく感じる理由を探しましょう。**喜びを感じていれば、扉が開きます**。**すると、あなたが「欲しい」と言ってきたすべてのものが、開かれた扉から、流れ込んでくるようになります**。こうなると、あなたはこれからずっと幸せに生きられるようになるでしょう。要するに、「いつまでも幸せに暮らす」というのが、「この物質世界での人生というキャリア」にやってきたときに、あなたが本当に意図していたことが叶うのです。

「やりたい」のか、「やらなくてはならない」のか？

ジェリー　わたしは若い頃、オクラホマ、ミズーリ、アーカンソーなどで40エーカー規模（約5万坪）の農場で暮らしていました。お金を稼ぐためにいろいろなことをしましたが、とてもきつい仕事ばかりで、どれも楽しくはありませんでした。ベリーを摘む仕事から、ニワトリを育てて、売る仕事。トマトを植えて、収穫して販売したり、薪を割って売ったりするなどして、（その当時にしては）かなりのお金を稼いでいました。でも、わたしは、ちっとも仕事を楽しんではいなかったのです。それから、高校時代、ニューオーリンズで過ごしたときは、屋根ふき職人、板金工、エレベーター係など、これまた楽しくない仕事ばかりやっていました。楽しさを少しでも感じられたのは、ポンチャートレイン・ビーチでのライフガードの仕事が初めてでしたね。

おそらく、わたしの周りにいた人たちも同じだったと思いますが、「楽しむことと、お金を稼ぐことは、両立できる」なんて思いも寄らなかったのです。楽しくない、とてもきつい仕事をしている頃は、仕事が終わったあとに楽しいことをしていました。他の子たちと夜の公園に集まってギターを弾いたり、教会やニューオーリンズ・オペラの合唱団で歌ったり、それから、ボーイスカウトのリーダーをやったり、アクロバットをしたり、体操やダンス指導をボランティアでやったりしました。素晴らしくて、楽しいことをたくさんしましたが、どの活動からも、お金を稼ぐことはできませんでした。

ところが、大人になると、楽しくない仕事をそう長く続けることはもうなくなりました。代わりに、わたしは自営業者になって、楽しむために無料でやっていたことをやり続けていたのです。そして、そのパフォーマンスの見返りとして、お金を受け取りはじめました。

音楽や歌、ダンス、アクロバットなどを仕事にするために、トレーニングしていたわけでもなければ、計画もしていませんでした。しかし、板金工の労働組合がストライキを呼びかけたことで、仕事がなくなっていたわたしに、YMCAのジムにいたある男性が、声をかけてくれました。キューバの「サントス・アルティガス・大サーカス」に入団して、エアリアルバーのパフォーマー（アーティスト）として活動しないか、という誘いでした。そんなわけで、父がわたしの進路として望んでいた屋根ふき職人や板金工という「安全」なほうには、進まなかったのです（そういう仕事は賃金も安定していて、わたしには技術もあったし、とても得意でしたが、すごく嫌いでした）。

ですが、組合のストライキという望まないことが起きたことで、冒険しながら収入を得られる、本当に喜びに満ちた人生へと、すんなり舵を切ることができたのです。キューバのサーカスで、アクロバット演技をすることから始まり、いろいろなことをしながら、ショービジネス業界に、20年以上いました。

エイブラハム　あなたの人生のあらゆる点が、わたしたちがここで話していることのわかりやすいお手本になっていますよね。若い頃に楽しくない仕事でがむしゃらに働いていたからこそ、望まないことがわかっただけでなく、好きなことを見つけ出すこともできた、ということですね？　そして、あなたが10代の頃にまだ楽しくないことを仕事にしていたときでさえも、あなたはかなりの時間を——実際、少しでも時間が空くと——本当に大好きなことをして過ごしていました。そこで、喜びにあふれる創造の方程式の二つのパーツが出そろったのです。あなたは、がむしゃらに働いたことで願望を「求め」、音楽の演奏や、体操などの大好きなことをしている時間は、ずっと

「受け取る」状態にいました。そして宇宙は、最も抵抗の少ない道を通して、あなたが望んだ「自由、成長、喜びが手に入る道筋」を与えてくれたのです。

若い頃に、かなり厳しい仕事をすることで、強烈に嫌な思いをしたあなたは、自分に至福を求めさせてあげる珍しい人、というか変わった人、人とは違う数少ない一人になりました。そうして、あなたは、自分が願ってきた多くのことへと、導かれていったのです。

ほとんどの人は、「やりたいこと」と、「やらなければならないと信じていること」は、まったく別のものであると感じています。そして、お金を稼げることは、どれも「やらなければならないこと」のカテゴリーに入れています。そういうわけで、お金を手に入れるのは大変なことが多く、それゆえ、いつも十分にない経験をすることになります。

もし、心地よい思考の道をたどっていくだけの賢さがあれば、あなたが願うすべてのものへと導いてくれる、至福の道が見つかるでしょう。その道の途中では、意図的にポジティブな側面を探すようにすることです。そうすることで、あなたの波動は本当の自分、本当に望むことと調和します。そうなると、**宇宙は**、「**願望を叶えるため**

の現実的な手段」を必ずあなたのもとへと、届けてくれます。

楽しみが、お金を引き寄せる?

ジェリー エイブラハム、例えば、わたしとエスターは、あなたたちとのやりとりを仕事にして収入を得ようなんて、思ってもみませんでした。あなたたちから学ぶことを本当に楽しんでいたのです。学んだことを生活の中で活かせば、ポジティブな結果が出ることに感動しました。けれども、それをビジネスにしようなどとは、決して思っていなかったのです。ただ純粋な楽しみとして、目覚めの経験をしていました(今でもそれを楽しんでいます)。ですが、今となっては、世界的な事業へと、劇的な拡大を見せているのです。

エイブラハム つまり、人生経験が広がるにつれて、あなたのアイデアや願望も拡大していったということですね?

どう展開していくか、という詳細までは、初めのうちは、見ることも描くことも、できていなかったわけです。でも、それが楽しくて、あなたたちは、気分よく感じていましたよね。わたしたちと出会う前から、もしくは、この交流が始まるよりずっと前から、あなたたちは願望や目標をもっていました。その楽しさ、気分のよさのおかげで、このやりとりが、そういったものを実現するためのパワフルな手段となったのです。

ジェリー そうですね。もともと考えていたのは、あなたたちとの関わりを通して、人が「経済的にもっと成功する」のを助けるための、より効果的な方法を学ぶことでした。それから、自然界の宇宙の法則ともっと調和しながら、人生をどう生きるかについても、学びたいと思っていました。

自由に感じられる仕事がいい

ジェリー わたしのキャリアを振り返っても、お金を稼ぐ手段として始めたものは、一つもありません。ただ楽しくやっていたら、最終的に収入を得られるようになったものが、ほとんどでした。

エイブラハム　それが、まさに何年も続く成功の秘密ですね。「いい気分でいることを一番大事にしよう」と早い段階で決めたので、いろんな興味深い方法で、その意図を維持することができたのです。すべての成功の秘密は、常に自分を幸せにすることだと、そのときは知らずにやっていたのですね。

「自分の幸せを望むのは、自己中心的で正しくない」、「本当の人生の目的は、責任や義務、苦労や犠牲が伴うものだ」と、多くの人が教わってきました。ですが、義務にも責任にも誠実でありながら、人を高め、同時に自分も幸せになれる、とわかってほしいのです。本当の幸せにつながる方法を見つけない限り、実は他のあらゆる探求が空虚なものになるし、真の価値が伴わない空っぽな言葉となるでしょう。つながった状態、強さをもった力強い立場からしか、誰かを高めることはできません。

よく、「働きたくない」と言う人がいますが、それは「お金を稼ぐためにやりたくもないことをするのは嫌だ」という意味です。なぜかと聞くと、「自由になりたいからだ」と言います。ですが、なかには楽しい行動もあるわけで、「行動から解放される自由」を望んでいるわけではないのです。お金と自由は同義語なので、お金から自由になりたいのでもありません。あなたは、ネガティブさ、抵抗、本当のあなたでいられないこと、もともとあなたが受け取るべき豊かさを受け取れないこと、そういうものから自由になりたい、と望んでいるのです。あなたは、「足りない」という欠乏意識から自由になりたいのです。

ポジティブな側面は何？

エイブラハム　ネガティブな感情を感じるときは、いつでも感情のガイダンスシステムが、こうしたことを教えてくれています。「今あなたは、何かのネガティブな側面を見ていて、望むことから自分を遠ざけています」と。

もし、何に意識を向けるにせよ、ポジティブな側面を探す意図をもてば、すぐに抵抗のパターンが消えていく証拠を目にすることになるでしょう。そうして、あなたの波動がシフトすると、宇宙は、「あなたが長年願ってきた願望」を届けてくれます。

仕事から仕事、職業から職業、雇い主から雇い主へと移りながら、結局は前の職場とあまり変わらないことになりがちなのは、人はどこに行くにも自分自身を連れていくからです。

「なぜ新しい場所に来たのか」を説明するために、前の場所の間違っていたところを批判し続けると、新しい職場に行くときにも、同じ抵抗の波動がミックスされることで、望むものがあなたにやってくるのを邪魔し続けてしまうのです。

働く環境が改善されるベストな方法は、あなた自身の波動が感謝の思考であふれるまで、今の職場の最高な部分に、フォーカスすることです。そうやって波動が変われば、新しくよくなった条件、環境を自分のものとして受け取ることができます。

今いる場所のいいところをわたしたちに勧められるがままに探してしまうと、「望まない場所に、長くとどまることになってしまう」と、心配する人もいます。でも、まったくその反対なのです。感謝の状態になると、あなたが自分にかけた制限が（制限というのは、すべて自分自身で課しています）全部取り払われます。すると、あなたは自分を解放できたことで、「自由に素晴らしいものを受け取れる」ようになります。

ジェリー　エイブラハム、創造することにおける「感謝の役割」って、何ですか？

感謝している状態と、恩を感じる状態が同じである、という考えはどうでしょうか？『思考は現実化する』というナポレオン・ヒルの本から、望むことを決めてから、実現するまで、それについて考えることを学びました。つまり、達成に向けて目標とスケジュールを設定するということです。けれども、あなたたちに出会ってから、自分の人生において実現した最も素晴らしいことだとわたしが思うものは、これが望みだと自分で具体的に意識していたものではありませんでした。（具体的にしていたものもたくさん実現しましたが）実際に実現したのは、わたしがすごく感謝していたもののエッセンスだったのです。

例えば、エスターのことは、一緒になる何年も前から知っていました。その頃、わたしは彼女と一緒になりたい、と思ったことはありませんでしたが、彼女のいろいろなところに、すごく感謝していました。そして、あとになると、彼女（そして、彼女の素晴らしい側面のすべて）が、わたしの人生にやってきてくれたではありませんか。彼女のおかげで、わたしの人生が、「どれほど素晴らしく喜びのあるもの」に大きく変わったかを見てみてください。

さらに、わたしは、セスの本を何度も読んでいましたが、自分の人生に「セス」がいてほしいと願ったことは、ありませんでした。ですが、セスという名前の「非物質世界の存在」の教えにも、サポートしてくれたジェーン・ロバーツ、ロバート・F・バッツにも、すごく感謝していました。そして、今、あなたがここにいるわけです。「セス」そのものではありませんが、ジェーンやロブ、セスのおかげで体験することができた驚くべき非物質世界の経験という、わたしがとても感謝していたすべてのエッセンスを、あなたがもたらしてくれています。

40年以上前に、わたしはサンフランシスコの近くに住むある家族のもとを訪ねていました。彼らは、宝石細工の通信販売という何の変哲もない、言ってみれば昔ながらのビジネスで、生計を立てていたのです。わたしは、そのビジネスを自分でやりたいと言ったことはありませんでしたが、そのよさをわかっていたので、何千という人たちに、その体験を伝えてきました。

すると、ある日（約20年前のことです）、郵便局で「エイブラハムの教え」のテープの配送手続きをしていたときに、自分が高く評価していたあの通信販売ビジネスというエッセンスを自分が今やっていることに、気がついたのです。この「考え方を広めるという「ビジネス」が、今では何百万という人たちの心をポジティブな方向に動かしているのです。

まだまだお話しできることはたくさんありますが、あと一つだけ紹介したい話があります。エスターとわたしが初めてテキサス州サン・アントニオに引っ越したときに一時的に貸してもらえる小さな家を見つけたのですが、そこでは、野菜を作ったり、ニワトリを育てて卵をとったり、ヤギのミルクを搾ったり、自分たちの井戸も楽しむことができました。わたしたちはよく散歩に出かけて、家の前の道を渡って飛行機の小さな滑走路を横断し、大きなヒマラヤスギや常緑のオークの木が立ち並ぶ中を散策したものです。真夏でも、シカの足跡をたどりながら、深く生い茂った木々をくぐり抜けていく散歩道を楽しめたのです。

そんなある日、鹿が通っていった道をたどると、オークの木に囲まれたとても小さな隠れた「牧草地」を発見しました。それが本当に美しかったのです！

そこに生えている草や、咲いている花、その場の空気感を言葉で表そうとするならば「うっとりする」としか言いようがないものでした。エスターとわたしは、その森の中にある心地よい場所を愛し、何度も訪れていました。この歴史を感じさせる自然にできたように見える空き地がどのようにしてできたのかとか、わたしたちが見つける前にはどんな人がここを見つけて楽しんでいたのだろうとか、いろいろな考えを巡らせていました。なぜこの場所はわたしたちにとってこんなにも気持ちがよいのだろうと不思議にも思っていました。そこをとても高く評価していたのですが、その土地が欲しいと言ったことはなく、ただ純粋にそのよさを楽しんでいたのです。

その約5、6年後に、知らない人から、わたしたちに電話がありました。わたしたちがオフィスビルを建てるための土地を探していると聞いたと彼は言いました。そして、あの小さな隠れた牧草地を含めた7エーカーの土地を売りに出してくれたのです。今、わたしたちのオフィスは、その美しく、うっとりする場所に置かれています。その7エーカーは20エーカーの一部になって……そして、ある日、近所の20エーカーの土地にある美しいオークの木々の素晴らしさを感じていたら、楽しい展開を手短に話すと、その小さな牧草地は今では州間高速道路10号線に面した40エーカーの土地にまで発展し……そこには飛行機の格納庫や、ヘリコプターの着陸場所、馬小屋（わたしたちは飛行機や馬を持っていませんが）があります。それらはすべてわたしたちがその森にある、小さな牧草地のよさを認めて、純粋な感謝が芽生えたことから展開していきました。
エイブラハム、この純粋な感謝の気持ちに関するわたしの視点について、どう思いますか?

エイブラハム　真実の愛の波動、恋をしている気持ち、時に誰かを見て感じることがあるお互いが通い合っている感覚。純粋無垢な子どもを見つめているとき、その子の美しさと力強さを感じているときの感覚。愛と純粋な感謝は同じ波動なのです。

純粋な感謝は、まさに本当のあなたとアライン(調和)している波動です。抵抗がない状態。疑いや恐れが存在しません。自己否定や他人への憎しみも存在しません。純粋な感謝とは、嫌な気分になることが一切存在せず、いい気分になるものしか存在しないということ。望むことにフォーカスしたら、望む人生の物語を語ったら、もっともっと純粋な感謝の波動に近づけます。そして到達したら、自分がいいと思っているすべてのことを実にパワフルに引き寄せられるのです。

逆に、gratitude(恩を受けたことを、ありがたく思うこと)とappreciation(純粋な感謝)との違いについてお話ししましょう。この二つの言葉を同じ意味で使う人が多いのですが、わたしたちは、同じ波動の要素をまったく感じないのです。なぜなら、gratitude（恩を受けてありがたく感じる気持ち）は、乗り越えた苦労に意識が向いていることが多いからです。

つまり、「苦労を今体験していないことがありがたい」と思っているのですが、まだ幾分かその「苦労」の波動が残っているのです。また、inspiration（インスピレーション）とmotivation（モチベーション）という言葉にも、同じような違いがあります。インスピレーションは、本当のあなたに導かれるもので、モチベーションは、自分をどこかに向かわせようとすることです。

純粋な感謝とは、本当の自分というチャンネルに合わせて、つながっていてスイッチが入っている感覚（tuned-in tapped-in turned-on feeling）です。純粋な感謝は「進化した自分」と波動が調和することです。純粋な感謝という状態とは「わたしという存在すべてとシンクロしていること」なのです。

純粋な感謝の状態とは、すべての物事をソース（源）の視点で見ることです。その状態にあるときは、他の多くの人たちが心配したり批判したりしたくなるようなものであふれた混雑した道を通っても、純粋な感謝という波動が違うものを選び出すので、そういったものに触れることはないでしょう。

純粋な感謝の状態とは、神々しい状態でもあります。本当のあなたでいることです。その状態こそが生まれた日のあなた、そして、死ぬ瞬間のあなたでもあります。そして（もしわたしたちがあなたと同じ人間の立場ならば）すべての瞬間でそうありたいものです。

ジョーゼフ・キャンベルが、よく至福という言葉を使いましたが、わたしたちも同じように考えています。「**至福に従いなさい**」。でも、至福の気配を感じられないときもあるでしょう。失望の最中にいるときにわたしたちは、復讐に向かうことが下流に向かう道だとお伝えするでしょう。復讐の状態ならば、憎しみに向かうことは下流への道です。憎しみにあるときは、怒りに向かうこと。怒りにあるときは、不満に向かえば下流にいけます。不満から、希望に向かいましょう。希望にいるなら、純粋な感謝に近いところまでいけるのです。

希望の波動までもっていけたら、いい気分になれることのリストを作って、ノートいっぱいに書き記しましょう。ポジティブな側面のリストを作りましょう。大好きなことリストを作るのです。レストランに行ってお気に入りを探して、決して何かの文句を言わない……。たとえ、気に入ることが一つしかなかったとしても、それに意識を集中させて、本当のあなたでいるための口実にしてください。

「気分をよくしてくれる明るく輝くリストに意識を向けて、本当のあなたでいるために活用する」ことで、本当のあなたと波動が合ってきます。そして、世界全体が、あなたの目の前で変わっていくでしょう。他人のために世界を変えるのは、あなたの仕事ではありません。あなた自身のために、変えるのです。純粋な感謝の状態は、源との純粋なつながりを意味していて、そこには足りないという欠如の視点は存在しません。

仕事の時間は、感覚によるもの

エイブラハム　たくさんの人が、お金と同じように、時間が足りないことにフォーカスしています。この二つが足りないことが、お互いにネガティブに影響し合っていることはよくあります。気持ちとしては、成功を達成するために必要なことをする時間がとにかく十分にない、この気持ちがこれら二つのテーマを結びつけて、悪影響を及ぼしていることが多いのです。

時間が足りない、と人が感じる主な理由は、行動によって力を発揮しようとしすぎることです。もし、調和のパワーに気づかずに、あなた自身が調和しようという努力をほとんどしなかったり、まったくしないでいると、どうなるでしょう。それゆえに、いっぱいいっぱいで余裕がなかったり、怒りに満ちていたり、腹を立てていたり、または、とげとげしい気持ちだったりしたとしたら。これらの感情をもちながら物事を成し遂げようと行動しても、たいていは全く時間が足りないということになるだけです。

あなたのエネルギーの不調和を補えるほどの行動は、単純にこの世界にはありません。でも、**自分が何を感じているかに気をつけて、最初に波動のバランスに気を配るようにすると、「宇宙は、どこでも喜んで扉を開けてくれる」と感じるような経験をすることでしょう**。調和した人に求められる物理的な努力は、調和していない人に比べると、ごくわずかです。結果についても、調和した人と調和していない人とでは比べものにならないほど、調和している人の成長は絶大です。

もし、あなたがお金や時間が足りないと感じているなら、できることの中でベストなのは、よりよい気分になる思考にフォーカスすることです。ポジティブな側面のリストを作ったり、いい気分になる理由を探したり、それをすると気分がよくなることをもっとたくさんやってください。気分をよくするための時間をとって、ポジティブな側面を見つけ、本当の自分と調和すれば、大きな結果も出せますし、ずっと効率的に時間のバランスがとれるようになるはずです。

時間が足りないのは、あなたに問題があるというわけではありませんし、お金が足りないのも、あなたの問題ではないのです。あなたが経験している、足りないというその感覚をもたらすもの、その問題の核心は、世界を創造するエネルギーとのつながりが不足していることなのです。それらの不足感や欠乏は、たった一つ、源とつながること、調和、つまり本当の自分と調和することで埋められます。

時間というのは、感覚的なものです。時計の針はみんなの前で等しく進んでいますが、あなたが調和していると、時間感覚に影響を与えるのと同時に、受け取る結果にも影響します。望み通りの人生を思い描く時間を確保すれば、人生の問題点にフォーカスしているときには得られないパワーを手にできます。

「努力とその結果が、人によって全然違うこと」を目の当たりにすると、行動以外の要素もあることに、思い至るはずです。自身の思考によって、調和することのレバレッジ（てこの原理）を味方にできている人もいる一方で、自身の思考が原因となってレバレッジの恩恵を受け取れていない人がいます。この違いです。

あなたが1マイル（約1・6キロメートル）走るところをイメージしてみてください。その道には、2000個の扉が設置されています。それぞれの扉を自分の手で開けながら、走り抜けていくのを想像してみてください。今度は、同じ道を走りますが、扉の前に来るたびにそれぞれの扉が自動で開いていく様子を想像してください。あなたはペースを崩さずに走り続けることができるし、扉に差しかかるたびにスローダウンすることも一切ありません。あなたが世界を創造するエネルギーと調和すれば、もう立ち止まって扉を自分で開けなくてもよくなります。あなたの調和したエネルギーによって、お膳立てされるのです。あなたがとる行動は、「調和できたことの恩恵」として、楽しく味わえるでしょう。

もっと努力したほうがいいの？

エイブラハム　あなたは、最先端の環境にやってきた、パワフルな創造者です。あなたは、意図的に望むことにフォーカスすることで、思考のパワーを通して創造するのだと理解してやってきました。行動を頼りに創造しようとしていたわけではありません。

理解するのに少し時間がかかるかもしれませんが、あなたは思考を通して創造しています。行動を通してではありません。現状ではなく、そうなってほしいことを考えたり、語ったりすることにとっても価値があることについては、どれだけ力説しても言い足りないのです。思考のパワーを単に理解するだけでなく、あなたの願望に向けて思考というパワフルなツールを意図的に使ってください。すると、行動は、自分が思考を通して創造したものを楽しむためのものだとわかるでしょう。

波動を調和させて（何かを考えながら、心地よく感じている状態）、行動へのインスピレーションを感じたときは、「目に見える世界」と「目に見えない世界」の両輪が、見事に噛み合うことになります。ソース（源）の波動の周波数とあなたが同調すると、その行動には、何の努力の必要性も感じなくなります。行動したくなるようなインスピレーションを感じて、動いた結果はいつも満足のいくものになります。逆に、最初に波動を調和させないままで行動したら、きつくなります。その効率の悪い行動は、時間とともにあなたを消耗させていくでしょう。

ほとんどの人は、緊急なことの対応に忙しすぎて、重要なことに時間をかけることがありません。お金を稼ぐのに忙しくて、楽しむ時間がないという人も多くいます。創造するために行動に依存していると、疲れすぎて、人生の創造を楽しむことができなくなりがちです。

質問者　わたしの仕事は、いわば冒険することで、本当に好きなことをやっています。でも、お金が絡んだり、それで稼ぐことを考えた途端に、緊張してしまう自分がいるのです。すると、それが楽しくなくなってしまいます。楽しいこととお金を稼ぐことは相性が悪いのでしょうか？

エイブラハム　自分が愛している音楽やアートに携わっているクリエイティブな人たちから、よく聞く話ですね。大好きなことを主な収入源にしようと決めたときに、十分な稼ぎを得るのに苦労することになりがちで、それだけでなく、もともとあった喜びまで消えてしまったりします。

たいていの人は、お金に対して、どちらかというとネガティブな心のもち方をしています。それは単純に、お金のよいところよりも、買えないものや欲しいだけのお金がないことについて語ることのほうが多いからです。こんなふうになってほしいという望みではなく、今起きている自分の経験について考える時間のほうがはるかに多いという理由もあります。ですから、意図せずとも、お金といえば、不十分なものと考える人がほとんどなのです。

そこで、冒険や音楽、アートのような自分が楽しくやっていることと、長い時間、足りないと強く感じてきたもの（お金）を合わせようとしたときに、あなたの思考のバランスがその強い気持ちのほうに傾いてしまうわけですね。

自分が願っていることをビジュアライズ（思い描く）する時間を増やして、現状を見る時間を減らしていき、よりポジティブで心地よく感じる物語を語る練習をしてください。実践していけば、やがてあなたの冒険が優勢な波動になるでしょう。そうなると、あなたの冒険と稼ぐ手段を合わせたときに、その二つが完璧に混ざり合って、お互いに高め合うようになるはずです。

「大好きなことをやって、お金を稼ぐこと」よりもいいことは、他にありません。お金は、無限の道を通って、あなたのもとへと流れ込んできます。流れてくるお金を制限するのは、「何をして得るのか」という選択ではなく、あなたの「お金に対する心のもち方」だけなのです。

そんなわけで、たくさんのニッチなマーケットが生まれ続けていて、つい最近までは市場にまったく存在しなかったアイデアから、財を成す人たちが続出しているのです。あなたは、自分の現実の創造者であり、自分の事業のマーケットの創造者として、お金の流れを自ら生み出しています。

「ある活動が難しくて、その他のものは簡単だ」と、決めつけることはできません。なぜかというと、あなたが自分の望みと調和しながらする活動は、すべて簡単で流れるようにできますが、望みと調和していない状態のあなたの活動は、すべてが大変になって、抵抗も大きくなるからです。

やっていることが苦しく感じるときは、いつも、「あなた自身の相反する思考が、抵抗をつくっている」と、理解しなければなりません。抵抗は、あなたが望んでいないことについて考えることで生まれてきます。その抵抗こそが、あなたを疲れさせるのです。

キャリアに関する「古い」物語の例

「今までどんな仕事も頑張ってきたけれど、ちゃんと評価してもらったことがない。雇い主たちは、いつだって、当たり前のようにわたしを利用し、搾り取れるだけ搾り取って、できるだけ少ない給料で済ませようとする。こんなに少ない報酬で、頑張って働くのに疲れた。これからは、わたしも手を抜こうと思う。誰も気づいてくれないのに、身を粉にして働いても意味がない。周りの人たちは、わたしよりも知識がないし、わたしよりも働かないのに、わたしよりも稼いでる。それっておかしいと思う」

キャリアに関する「新しい」物語の例

「ずっとこの場所で、同じ仕事をするわけではないのを知っている。常に物事は進化しているのを知っているし、自分がどこに向かっていくのかを想像するのも楽しい。

今いる場所でも、改善できることはたくさんあるけど、『わたしの今いるところ』も常によいほうへ変化しているので、大した問題じゃない。今いる場所で最善のことを探していけば、自分の経験の中でそれが広まっていく。それを知っているのも、うれしい」

「いつだって、物事はうまくいくと知っているのも楽しいし、その証拠を目にするのも楽しい。そして、日々うまくいっている証拠が、どんどん増えていく」

改善したバージョンの物語を語るのに、正しいも間違いもありません。過去のことでも、現在でも未来の経験でも構いません。ただ一つ大切な基準は、より気分のいい、改善したバージョンの物語を語ろうという意図を意識することです。1日を通してい い気分になる短めの物語をたくさん語ることで、あなたの引き寄せポイントも変わってきます。

さあ、新しい物語を語ろう

わたしの古い物語は……、

うまくいかなかったことについて

自分が望んでいる、あるいはこうあるべきだと思っていることと違うこと
他の人たちにがっかりさせられたこと
不誠実なことをされたこと
お金が足りないこと
時間が足りないこと
いつもと何も変わらないこと
これまでの人生で体験してきたこと
最近の状況
世界で起きている理不尽なこと
わかってくれない人たち
努力しない人たち
できるのに、自分たちでやろうとしない人たち
自分の容姿について不満があること
自分の健康に関する不安
他人を利用する人たち

わたしをコントロールしようとする人たち

わたしの新しい物語は……、

現在関心をもっていることのポジティブな側面
本当に望んでいること
物事がどれほどうまくいっているかということ
実は「引き寄せの法則」によってすべてが動いていること
富や繁栄の豊かな流れ
時間は知覚的なものであって、無限にあること
周りにある最高のものやこと
大好きな思い出の数々
自分の人生が明らかに拡大していること
わたしの世界の素晴らしい、面白い、素敵な側面
自分が驚くべき多様性に囲まれていること

自分自身の思考のパワー
自分の身体のポジティブな側面
安定した身体という土台
わたしたちはみな、自分で自分の現実を創造するということ
わたしの絶対的な自由と、それを喜びをもって知っていること

あなたの思考、語る自分自身の物語に「引き寄せの法則」がパワフルに反応して、あなたの人生経験を創り上げるすべての要素が引き寄せられてきます。お金や資産、健康状態、明晰さ、身体の柔軟性、サイズや体形、仕事の環境、どのような扱いを受けるか、仕事に対する満足度、報酬など。

あなたの人生経験における幸せ全般が、あなたが語る物語によって実現しています。

もし、日々の生活の中で語る物語を見直して、いいものにしようと意図することができたら、人生は絶えず向上する物語になることをお約束します。

パワフルな「引き寄せの法則」によって、必ずそうなります。

おわりに（訳者解説）

『お金と引き寄せの法則』をお読みいただいて、ありがとうございます。

いろんなことを感じられたと思いますが、いかがでしたか？

自分でもできそうだと思ってドキドキしたり、やっぱりダメかもしれないと落ち込んだりしたかもしれません。

そういう感情の起伏を含めて、楽しんでいただけたらうれしいです。

本書は、読むだけのものではなく、実践する本です。

ぜひ、引き寄せの法則を毎日の生活に活かして、あなたが本当に欲しいものを引き寄せてください。

わたしは、この本を翻訳する間、ずっと楽しく幸せな気分を味わっていました。

特に理由はないのですが、とにかく楽しい時間を過ごさせてもらいました。

東京やハワイのカフェで、インドのホテルのロビーで、八ヶ岳の書斎で、飛行機の中で、パソコンを開いては、原稿を書き進めていくのが、最高の喜びでした。

本書には、引き寄せの法則が、お金と健康の分野でどう機能するのか、細かく説明されていて、「なるほど!」と思ったところが何十箇所もありました。

これは、翻訳者の役得のようなもので、じっくりと内容に向き合い、文章の奥にある本当の意図を汲み取るプロセスを通して、たくさんのことを学びました。

これまでに、お金を引き寄せてきた経験やうまくいかなかった経験を思い出し、なぜそうだったのか、自分なりに整理できました。

役得と言えば、本書を翻訳している間、とっても素敵なことが次々と起きました。

ずっと夢だった南アメリカ、ハワイ、ヨーロッパでの講演依頼も、翻訳をやっている間に舞い込みました。

また、2冊目の英語の本が、アメリカのヘイ・ハウスから出版されることが決まりました。この本の版元の出版社です。

現ＣＥＯのリード・トレーシーさんは、創業者のルイーズ・ヘイさんとともに会社経営をしてきた伝説の人物です。彼と打ち合わせをしたとき、今わたしがエイブラハムの引き寄せの本を翻訳しているところだと、伝えることができました。そんな縁を感じていただいたのか、ヘイ・ハウスの著者ファミリーに迎えていただくことになりました。ずっと憧れていた著者たちと同僚になれるわけで、今からワクワクが止まりません。

この本を巡るシンクロニシティーについて書き出したら、それこそ一冊の本が書けるぐらいです。

この本の翻訳に関われたことをとてもラッキーだと思っています。

訳語に関して、いくつかお話ししておこうと思います。

前作に続いて、エイブラハムの言葉を「ですます調」にしました。そして、できるだけわかりやすい文章にしてみました。超訳ではないので、まだわかりにくいかもしれませんが、それは、エイブラハムスタイルだと思ってください。英語でもわかりにくいのです（笑）。

「自分ならこう言うのになぁ」、というところばかりでしたが、原文に忠実に訳したためにわかりにくくなっていることは、ご理解ください。

ソースという言葉は、源という日本語にしました。

アラインメントには、ほぼ調和という言葉を当てましたが、一致という言葉と違うときもありますので、それは文脈で判断して使い分けています。

ウェルビーイングは、健康と幸せという言葉がかけ合わさったような言葉です。日本語でもこの2年ぐらいは、カタカナでウェルビーイングという言葉が使われるようになりました。まだ馴染みのない方もいらっしゃるとは思いますが、そろそろ日本語化しているということで、基本的にはウェルビーイング（健康と幸せ）とした後は、ウェルビーイングだけにしました。また、文脈によって使い分けている箇所もあります。

インナービーイングには、内なる存在という日本語を当てました。フォーカスは、そのままとし、パワーという言葉は、カタカナで普通に使われているものの、日本語のパワーとは意味が違うときには、別の訳語を当てました。

翻訳を長くやっていると、日本語になっているカタカナまで訳しがちです。以前、ティッシュペーパーをちり紙と訳して笑われたことがありました。そういうオーバー翻訳にならないようにしつつも、日本でわかりやすいように訳出しました。これが翻訳本だということを忘れて、引き寄せの法則に没頭していただければ、訳者としては大変幸せなことです。

あと、本書の大切だと感じた部分をわかりやすくするために、訳者の判断で太字にさせていただきました。

「引き寄せの法則」は、しっかり意識すれば、あなたの人生でも機能していることに気づくでしょう。最初は、半信半疑でもいいのです。カーナビがちゃんと目的地まで連れていってくれるなんてあり得ない、と思う人がいても、その人の疑いはカーナビの機能に影響を与えません。

そして、カーナビも、信じる人にはルートを教えて、信じない人には、教えないということもないのです（笑）。あなたが信じても信じなくても、目的地さえ入力すれば、ガイドしてくれるでしょう。

そう考えると、一番大切なのは、自分の行きたい場所がどこなのか、ということになります。

「何を人生で望んでいるのか？」がわからなければ、目的地が入力できません。カーナビで言うと、「どこに行きたいのか？」ということです。目的地さえわかれば、カーナビは途中のルートを教えてくれます。でも、目的地をインプットしなければ、何も機能しないのです。


自分が何をやりたいのかを明確にすること。

これは、思ったよりも、難しいかもしれません。わたしたちの多くが小学校の低学年の頃から、やらなくてはいけないことに追いかけられて、自分が何をやりたいかを考える習慣をもたないまま生きているからです。

前著でもお世話になりましたが、バイリンガルアナウンサーのレイチェル・チャンさんと、パートナーで、YouTubeのエイブラハムQ&Aで活躍しているこうちゃんのお二人には、翻訳作業で大変お世話になりました。Sarah Vanderwaterさんには、英語のニュアンスとチェックのサポートをしていただきました。

ＳＢクリエイティブの吉尾太一さん、小澤由利子さんにも、前著に引き続き細やかなサポートをいただきました。

あなたは、これからの人生で何を引き寄せたいですか？

ずっとやりたかったこと。気になっていたこと。無理かなとは思うけど、密かに夢見ていること。それをぜひ思い出して、考えはじめてください。

きっと、それがきっかけとなって、情報が集まりはじめることでしょう。そこから、新しいチャンス、人、お金が引き寄せられていきます。

あなたの夢が次々と叶いますように。

ヨガフェスティバルで訪れた
インド・リシュケシュのガンジス川沿いのアシュラムにて

本田 健

エスター・ヒックス、ジェリー・ヒックス

(Esther Hicks, Jerry Hicks)

1985年、エイブラハムと名乗る存在から受け取った言葉を親しい知人に語りはじめる。その言葉が自分たちだけでなく、多くの人々の役に立つと知り、エイブラハムの教えを幸せな人生を送りたいと願う人に届けようと決意。1989年以降、テキサス州サン・アントニオのカンファレンス・センターを拠点に全米50以上の都市でワークショップを開催し、エイブラハムの「引き寄せの法則」の教えを広めてきた。
2011年、ジェリーは見えない世界に旅立ち、現在、エスターはこの世の友人たちと、見えない世界のエイブラハムとジェリーの助けを借りて、エイブラハムのワークショップを開催し続けている。エイブラハムに関する著書、カセットテープ、CD、ビデオ、DVDなどは700以上あり、日本では『引き寄せの法則 エイブラハムとの対話』(小社刊)をはじめ、「引き寄せの法則」シリーズがベストセラーとなっている。

本田 健
（ほんだ・けん）


神戸生まれ。経営コンサルタント、投資家を経て、29歳で育児セミリタイア生活に入る。

4年の育児生活中に作家になるビジョンを得て、執筆活動をスタートする。「お金と幸せ」「ライフワーク」「ワクワクする生き方」をテーマにした1000人規模の講演会、セミナーを全国で開催。そのユーモアあふれるセミナーには、世界中から受講生が駆けつけている。

著書は、『ユダヤ人大富豪の教え』『20代にしておきたい17のこと』（以上、大和書房）、『きっと、よくなる！』（サンマーク出版）、『大好きなことをやって生きよう！』（フォレスト出版）など200冊以上、累計発行部数は800万部を突破している。
■『新訳 引き寄せの法則』特設サイトはこちらから
https://www.aiueoffice.com/hikiyose/

新訳《しんやく》 お金《かね》と引《ひ》き寄《よ》せの法則《ほうそく》
豊《ゆた》かさ、健康《けんこう》と幸《しあわ》せを引《ひ》き寄《よ》せる

2023年 6 月 8 日　初版第1刷発行
2024年10月23日　初版第5刷発行

著者　エスター・ヒックス+ジェリー・ヒックス
訳者　本田 健
発行者　出井貴完
発行所　SBクリエイティブ株式会社
〒105-0001 東京都港区虎ノ門2-2-1

装丁・本文デザイン　松田行正＋倉橋 弘
DTP　RUHIA
校正　ペーパーハウス
翻訳協力　レイチェル・チャン＋こうちゃん
編集担当　小澤由利子（SBクリエイティブ）
印刷・製本　中央精版印刷株式会社

本書をお読みになったご意見・ご感想を
下記URL、またはQRコードよりお寄せください。
https://isbn2.sbcr.jp/18018/

ISBN978-4-8156-1801-8

SBクリエイティブの「引き寄せの法則」シリーズ

本書とともにぜひご覧ください。

引き寄せの法則の
元祖・決定版

引き寄せの法則

エイブラハムとの対話

ISBN 978-4-7973-4190-4

もっと深く知りたい方に

引き寄せの法則

の本質

自由と幸福を求める
エイブラハムの源流

ISBN 978-4-7973-4676-3

思考の波動でお金持ちになる！

お金と
引き寄せの法則

富と健康、仕事を引き寄せ
成功する究極の方法

ISBN978-4-7973-4990-0

理想の人と出会うために

理想のパートナーと
引き寄せの法則

幸せな人間関係と
セクシュアリティをもたらす
「ヴォルテックス」

ISBN978-4-7973-4675-6

鞄の中のエイブラハム総集編

いつでも
引き寄せの法則

願いをかなえる365の方法

ISBN978-4-7973-4991-7

四六変型　1,700円+税

聞くだけで願いがかなう

引き寄せの法則

瞑想CDブック

ISBN 978-4-7973-6417-0

A5変型

2,000円（本体価格）

四六判　各1,700円（本体価格）＋税

※『いつでも引き寄せの法則』『引き寄せの法則 瞑想CDブック』はのぞく

エスター・ヒックス＋ジェリー・ヒックス